Frank Burdich

Übersinnliche Wahrnehmung

Frank Burdich

Übersinnliche Wahrnehmung

Grundlagen, Methoden, Anwendungen

Verlag Freies Geistesleben

2., verbesserte Auflage 2025

Verlag Freies Geistesleben
Landhausstraße 82, 70190 Stuttgart
www.geistesleben.de

ISBN 978-3-7725-1287-2

Bei Fragen zur Produktsicherheit wenden Sie sich an
info@geistesleben.com
Umschlagfoto: Charlotte Fischer
Layout & Satz: Thomas Neuerer
Druck: Friedrich Pustet GmbH & Co. KG, Regensburg
Printed in Germany

FSC MIX Papier FSC® C014889

Inhalt

Vorwort

Ein zentrales Thema in der Anthroposophie ist die «übersinnliche Wahrnehmung». Man könnte auch sagen, es ist die Grundlage aller Ausführungen von Rudolf Steiner. Denn diese Art der Wahrnehmung ermöglichte einen neuen Zugang zum Menschen, zum sozialen Miteinander, zur Pädagogik und Heilpädagogik, zur Landwirtschaft, zur Kunst, zur Medizin usw. Seine übersinnlichen «Inspirationen» wurden vor 100 Jahren auf allen diesen Feldern lebenspraktisch und fruchtbar. Dieser Ansatz war damals umstritten und ist es bis heute. Gibt es eine übersinnliche Welt? Hat Spiritualität eine Bedeutung für unser konkretes Leben? Wie können solche Inhalte oder «Ergebnisse» überhaupt nachgewiesen und wissenschaftlich belegt werden? Gerade in der Gegenwart wird diese Kritik wieder lauter und radikaler. Was wissenschaftlich belegt werden kann, ist real – alles andere nicht. Ob es die biologisch-dynamischen Präparate sind oder die Homöopathie: Eine Wirkung kann es nach gegenwärtiger Auffassung gar nicht geben.

Frank Burdich schreibt in diesem Buch über Elementarwesen, über verstorbene Menschen und deren «Wesenszustände». Er schildert ein umfassendes «Panorama» übersinnlich wahrnehmbarer Vorgänge und zeigt Wege zu deren Wahrnehmung. Er steigt ein mit dem gegenwärtigen naturwissenschaftlichen Paradigma: Wenn etwas nicht materiell erklärbar ist, existiert es nicht. Das bezeichnet er als «selbstverordnete Grenze», die nicht überschritten wird. Frank Burdich versucht es trotzdem. Es entsteht eine

Art «Landkarte» übersinnlicher Vorgänge. Mehr als Hinweise gemeint, ohne Anspruch auf Vollständigkeit. Das Ganze entsteht in einer nachvollziehbaren Umgangssprache, ohne auf eine spirituelle bzw. anthroposophische Vorbildung aufzubauen. Es werden persönliche Erfahrungen und Anekdoten eingeflochten. Dann aber wird auch wieder auf komplexe Zusammenhänge hingewiesen. Das Ganze ist nahezu nüchtern gehalten. Frank Burdich ist von Hause aus Naturwissenschaftler (Biologie und Chemie). Nach und nach hat er aber auch Wahrnehmungen gewonnen, die das Bild der Natur ergänzen und vervollständigen. Nirgendwo finden sich illusionäre Schwärmereien. Frank Burdich bleibt eben auch in Bezug auf die übersinnlichen Vorgänge dezidiert «sachlich». Die beschriebenen «Einstiegsmöglichkeiten» sind unmittelbar nachvollziehbar. Jeder kennt nach dem Essen das Gefühl der Verdaulichkeit oder eben der Unverdaulichkeit. Diese allgemein menschliche Erfahrung ist hier zum Beispiel der «Türöffner» für weitere Erfahrungsdimensionen. Die Atmosphäre in einer Kirche, oder in einem Krankenhaus, die Erfahrung eines Baumes, oder die sich einstellende «Fernfühlung» bei der Korrektur von Klausurtexten der Schüler. Dies alles wird zum Ausgangspunkt von «Äther- und Astralspuren». Dann entsteht ein differenziertes Bild der verschiedenen, übersinnlichen Ebenen und Wirkbereiche. Ergänzend kommt der Hinweis: «Es geht nicht um übersinnliche Wahrnehmung, sondern um das Wahrnehmen von Übersinnlichem.» (S. 25) Und weiter: «Übersinnliche Wahrnehmung fällt nicht vom Himmel, sie ist das Ergebnis eines Vorgangs, den man beschreiben kann.» (S. 38)

Ich habe Frank Burdich bei einigen solcher Übungen erleben können und war erstaunt über die klaren Versuchsanordnungen, die Zusammenfassungen der Teilnehmerbeschreibungen und die präzisen Erklärungen. Für mich ist Frank Burdich ein methodisch-didaktischer Perfektionist, manchmal auch jemand, der den Teilnehmenden (oder in diesem Fall den Leserinnen und Lesern) zu viele Erklärungen zumutet, die dann abstrakt bleiben können. Deswegen ist es wohltuend, dass die schematischen Übersichtstabellen erst im Anhang zu finden sind und nicht den Text überlasten.

Ich persönlich habe an vielen Gesprächen und Seminaren verschiedenster Menschen zu diesem Thema teilgenommen. Bezeichnend finde ich, dass im Umfeld der Anthroposophischen Bewegung und Gesellschaft immer mehr Menschen damit konkret und praktisch umgehen. Bezeichnend finde ich auch, dass die Zugänge zur «Übersinnlichen Wahrnehmung» sehr individuell und differenziert sind, je nachdem, wie der Einzelne darin steht und welche Fragen ihn beschäftigen. Auch das scheint mir selbstverständlich: Es gibt nicht den einen Weg – es gibt eine Vielfalt. Aber in der Vielfalt tauchen «Konsens-Wahrnehmungen» auf, die sich im Austausch mit den verschiedensten «Akteuren» bestätigen. Auch in diesem Buch geht es um persönliche Erfahrungen, Hinweise, methodische Erläuterungen. Aber ebenso um konkrete, nachvollziehbare «Wahrnehmungsebenen», die das Zeichnen einer «Landkarte» ermöglichen, aus der man erfahren kann, was in diesem anderen «Kontinent» vorhanden ist, auch wenn man selber noch nicht dort war.

Ich möchte Frank Burdich ganz herzlich danken für seinen Versuch, diese «Landkarte» auszubreiten und nachvollziehbar zu erklären. Ich meine: Das ist es, was wir heute brauchen, den Mut zu dem Gedanken und zu der Erfahrung, dass es eine übersinnliche Welt gibt. Ich wünsche dem Leser oder der Leserin, dass er oder sie ein bisschen von dieser Reise in andere Kontinente wagt – das Leben wird einfach lebendiger, klarer und schöner, wenn man nicht an der gegenwärtigen «selbstverordneten Grenze» steckenbleibt.

Michael Schmock
ehemaliger Vorstand und Generalsekretär
der Anthroposophischen Gesellschaft

Prolog

> Wenn die Rose selbst sich schmückt,
> schmückt sie auch den Garten.
> *Friedrich Rückert*

Lieber Leser! Dieses Buch soll Ihnen ein Wegweiser sein. Es kann Ihnen eine Orientierung geben, an welcher Stelle des Weges Sie sich auch befinden mögen. Es soll eine Landkarte sein, die Ihnen zeigen kann, was Ihnen in der komplexen übersinnlichen Landschaft begegnen kann.

Gehen müssen Sie selbst. Und ihr Erfolg wird ungewiss sein.

Lesen Sie bitte dieses Buch nicht, um übersinnlich wahrnehmen lernen zu wollen. Es wird Ihnen dadurch nicht gelingen – zumindest nicht mit Sicherheit.

Mein Rat an Sie ist, die Angaben des Buches zu nehmen wie ein Langstreckenläufer, der im Sportstadion trainiert und Runde für Runde läuft. Es gibt kein Ziel, nur einen Weg. Jede Runde stärkt die Kraft und Ausdauer.

Sie können nirgendwo ankommen, außer bei sich selbst.

Wenn Ihnen das gelingt, können Sie überall ankommen – auch in übersinnlichen Welten.

Dieses Buch kann Ihnen Hinweise geben, wohin Sie Ihren Blick lenken können. Sie können damit auf Ihrem eigenen Weg immer wieder Fähigkeiten an sich selbst entdecken, die sich im Laufe Ihres Übens entwickelt haben können.

Diese ermöglichen Ihnen dann die Anwendung auf ganz unterschiedliche übersinnliche Kontexte.

Aber haben Sie bitte nicht zuviel Ehrgeiz, übersinnliche Welten zu entdecken. Der ist nur hinderlich. Entdecken Sie sich selbst.

Alle von mir beschriebenen übersinnlichen Zusammenhänge stammen aus meiner eigenen Wahrnehmung. Dieses Buch berichtet über diese praktischen Erfahrungen und ist keine theoretische Darstellung und auch kein Lehrbuch der Anthroposophie. Ich selbst bin Anthroposoph und verwende anthroposophische Begriffe. Andere Weltanschauungen haben andere Begriffe, doch gibt es keine unterschiedlichen übersinnlichen Welten für verschiedene esoterische Strömungen. Es unterscheiden sich lediglich die Breite und Tiefe der Wahrnehmung und die Interpretation der Ergebnisse. Das Buch ist mit der Intention geschrieben, eine Hilfe für Menschen auf einem individuellen spirituellen Weg zu sein.

Jedes Kapitel ist in drei Teile gegliedert. Jeder der Teile ist völlig unterschiedlich bezüglich des Stiles und des Inhaltes. Zunächst findet sich eine umgangssprachlich formulierte Einleitung, damit jeder – auch ohne einen spirituellen Hintergrund – in das Thema des Kapitels hineinfinden kann. Darauf folgt eine Darstellung des Kapitelthemas, welche Begrifflichkeiten verwendet, die in vorhergehenden Kapiteln eingeführt wurden. Das Kapitel schließt ab mit persönlichen Anmerkungen, Anekdoten, Erfahrungen und Hinweisen.

Liebe Kenner des Faches: Ich verwende viel didaktische Reduktion. Also ärgern Sie sich bitte nicht, wenn Sie den Eindruck haben, dass die Darstellung zu wenig gründlich ist. Im Buch werden immer wieder Zusammenhänge dargestellt, die im späteren Verlauf auf höherem Niveau wieder aufgegriffen werden. Der Abstraktionsgrad des Buches nimmt also von vorne nach hinten zu.

Kapitel 1
Einführung: Übersinnliches und übersinnliche Wahrnehmung

> Dass ich erkenne, was die Welt
> im Innersten zusammenhält!
> Schau alle Wirkungskraft und Samen
> und tu nicht mehr in Worten kramen.
>
> *Goethe, Faust*

Warum auch noch übersinnliche Wahrnehmung? Ist die physische Welt nicht schon kompliziert genug? Ja, durchaus. Doch ist es so, dass die normale Wissenschaft immer wieder auf Phänomene stößt, die sie nicht erklären kann. So kann z.B. die Biologie nicht erklären, was eigentlich Leben ist. Sie kann es nur beschreiben. Jedes Biologielehrbuch beginnt mit den «Kriterien des Lebens» – Fortpflanzung, Reizbarkeit, Wachstum, Stoffwechsel und Entwicklung. Diese werden in den Teildisziplinen des Faches ausführlich untersucht und beschrieben, doch das zugrunde liegende Prinzip «Leben» ist den Biologen zwar evident, aber nicht erklärbar. Eine Sekunde vor und eine Sekunde nach dem Tod ist der Organismus physisch noch genau derselbe, doch ist er nach dem Tod nicht mehr zu halten. Er zerfällt.

Was hat den Organismus vor dem Tod vor dem Verfall bewahrt? Es ist, wie wenn eine schützende Hand über den Zusammenhang gehalten worden wäre, welche sich dann nach dem Eintreten des Todes unumkehrbar zurückzöge.

Übersinnlich ist hier eine Sphäre zu beobachten, die den Organismus umgibt und einen Zusammenhang schafft. Sie ist der Träger des Lebens. Die Biologie kann ihn mit ihren Mitteln nicht wahrnehmen, kann ihn nicht messen, nicht zählen oder wiegen.

Haben Sie schon einmal einen Vogelschwarm beobachtet? Tausende von Staren, die wie auf Kommando gleichzeitig ihre Richtung wechseln? Es gibt aber keiner ein Kommando.

Wenn man in einen Bienenstock hineinschaut, mag man sich fragen, wie denn den 40.000 Tierchen ein solches Werk ohne Architekten gelingt!

Überall, wo ein Zusammenhang offensichtlich, aber nicht erklärbar ist, gibt es im Übersinnlichen Sphären, die diesen Zusammenhang schaffen.

Für die Lebenskräfte nennt man diesen den «Ätherleib», die Kräfte werden «ätherisch» genannt.

Der Ätherleib lässt aus der Summe aller einzelnen Organe die Gesamtheit «Organismus» entstehen. Alle Stare, alle Bienen – um die oben genannten Beispiele aufzugreifen – befinden sich in einer gemeinsamen Äthersphäre. Deswegen können sie wie ein Organismus und mit einer gemeinsamen Intention handeln.

Unsere Gefühle werden oft für ein Schaltmuster der Nervenzellen im Gehirn gehalten. Wir wissen aber alle, dass wir, wenn wir verliebt sind, dieses im Herzen und nicht im Kopf sind. Auch unsere Trauer oder sonstige Gefühle sind samt und sonders nicht im Kopf lokalisiert. Übersinnlich sieht man eine große Sphäre, die den Körper umgibt und Träger unserer Gefühle ist. Sie wird «Astralleib» genannt, ihre Kräfte heißen «astrale» Kräfte.

Wenn wir Menschen uns einander annähern, wissen wir ganz schnell, ob «die Chemie stimmt». Wir spüren das, wenn sich unsere Astralleiber überlappen. Wir spüren auch Stimmungen in Räumen, die auch unabhängig von der Ver-

wendung des Raumes sind. Jeder Wohnungsmakler könnte hunderte solcher Geschichten erzählen: Die potenziellen Käufer stehen im leeren Haus – keine Möbel, weißgestrichene Wände – und sagen «Wir würden das Haus ja kaufen, es liegt gut, es ist schön hell, aber – die Stimmung! Wir mögen die Stimmung nicht!» Wie kann ein leeres Haus eine Stimmung haben? Übersinnlich gesehen gibt es keine leeren Häuser. Alle unsere Gefühle sind eigenständige astrale Gebilde, die an einem Ort verweilen, an dem sie entstanden sind. Es sind in einer Kirche völlig andere als in einem Kindergarten. Diese kommen mit unserem eigenen Astralleib in eine Wechselwirkung, wir spüren ihre Gegenwart.

„Gerade habe ich an dich gedacht, da rufst du an!» ist ein allgemein bekanntes Phänomen. Aber man hat doch im Kopf gedacht! Oder? Übersinnlich ist beobachtbar, dass auch unsere Gedanken eigenständige Gebilde sind, die eine Richtung haben können. Sie erreichen denjenigen, an den gedacht wird, was der andere spürt. Somit ist auch ein Bereich, den wir «geistig» nennen, der übersinnlichen Wahrnehmung zugänglich und dadurch ein solches Phänomen erklärbar.

Der große Philosoph Immanuel Kant schrieb, es gäbe eine Grenze der Erkenntnis. Was jenseits dieser läge, können wir nicht wissen. Die moderne Naturwissenschaft verwechselt meistens dieses «man kann etwas nicht wissen» mit einem «es existiert nicht». Ätherleiber, Astralleiber oder Geistiges können mit physischen Mitteln nicht wahrgenommen werden.

Doch jeder Mensch kann Fähigkeiten entwickeln, diese Ebenen zu erkennen.

Sie können auf einem persönlichen Weg der Selbsterkenntnis entwickelt werden.

Wie das aussehen und zu welchen Resultaten das führen kann, ist in diesem Buch beschrieben.

* * *

Es können drei methodisch völlig unterschiedliche Bereiche der Wahrnehmung höherer Welten unterschieden werden. In diesem Kapitel werden sie kurz umrissen und in späteren Kapiteln ausführlich erläutert.

Übersinnliche Wahrnehmung

Zum einen gibt es die *übersinnliche Wahrnehmung*, die in der anthroposophischen Literatur in Imagination, Inspiration und Intuition unterteilt wird. Diese im Anthroposophischen verwendeten Begriffe sind genau umschrieben und unterscheiden sich von den üblichen Bedeutungen im normalen Sprachgebrauch.

Die Fähigkeit Imaginationen, Inspirationen und Intuitionen zu haben ist – vereinfacht gesagt – ein Resultat eines eigenen Übungs- und Erkenntnisweges. Nur selten werden Menschen damit geboren. Manchmal tritt eine solche Fähigkeit auch nach Unfällen oder Schockerlebnissen auf, verliert sich dann nach der «Heilung» aber wieder.

Imagination: Übersinnliche Wesen und Strukturen können «gesehen» werden. Damit ist nicht ein Sehen mit den Augen gemeint, sondern etwas, was man als «wie wenn man etwas sehen würde» beschreiben kann. Übersinnliches ist nicht physisch sichtbar. Daraus entsteht eine Fülle von Missverständnissen. Man nimmt mit dem Bewusstsein wahr. Das Sehen des Übersinnlichen tritt im Bewusstsein auf und kann außerhalb oder innerhalb der Grenzen des physischen Kopfes erlebt werden. Der Bezug zum Kopf ist übersinnlich nicht schlüssig, als anfängliche Erklärung aber ganz tauglich. Wenn man Menschen dahingehend fragt, würden sie sagen, dass sie mit dem Kopf denken, ihre Erinnerungsbilder oder das, was sie sich vorstellen, erleben sie im Bereich des Kopfes. Ein übersinnliches Sehen kann sich als «inneres Bild» ergeben oder aber tatsächlich als etwas, was wie ein Bild vor einem steht.

Dieses «wie sehen» von Übersinnlichem wird «Imagination» genannt.

Die Imagination kann methodisch klar gegriffen werden. Sie ist ein aktiver Vorgang. Das heißt, wer über die Möglichkeit der imaginativen Wahrnehmung verfügt, ist nicht dazu verurteilt, nun fürderhin immer alles Übersinnliche – so z.B. die Aura des Menschen – sehen zu müssen. Die physische Welt ist schon kompliziert genug. Methodisch eingesetzte übersinnliche Wahrnehmung heißt, sie einsetzen zu können, wenn man will. Wenn man nicht will, nimmt man rein physisch wahr.

Inspiration: Im besonderen Maße gilt das auch für das «Sprechen» mit Wesenheiten. Es wird natürlich nicht gesprochen. Vereinfacht gesagt – die Vertiefung folgt später – wird in die Richtung des Wesens gedacht. Die Antwort ist ein Denkvorgang, doch ist man es nicht selbst, der denkt. Diese Art der übersinnlichen Wahrnehmung ist aber nicht Stimmenhören. Unfreiwilliges Stimmenhören wäre eher ein Anlass, sich Sorgen um die eigene seelische Gesundheit zu machen. Die «Inspiration» kann ein dialogischer Kontakt mit Wesenheiten genannt werden. Der Kontakt wird vom Menschen aufgenommen und von den übersinnlichen Wesenheiten – so sie wollen – erwidert.

Man kann jedes Wesen in der geistigen Welt mit seinen Gedanken erreichen. Je nach den Fähigkeiten des Fragenden gibt es eine direkte Antwort oder eben nicht. Wenn den Fragenden eine Antwort erreicht, dann kann man diesen Vorgang Inspiration nennen. Wenn ein Mensch hingegen seine Gedanken auf die geistige Welt im Allgemeinen oder auf ein bestimmtes Wesen richtet und keine Antwort bekommt, dann müsste man von einem Gebet sprechen. Um zu beten, muss man aber zum Glück nicht zu inspirativem Wahrnehmen fähig sein.

Intuition: Eine ganz andere Art der übersinnlichen Wahrnehmung ist, mit dem Bewusstsein der Wesen zu verschmelzen, sozusagen aus ihren Augen zu schauen. Dieses Geschehen wird «Intuition» genannt. Man weiß plötzlich Bescheid, kennt die Lösung oder man weiß, was zu tun ist, man hat die richtige Antwort. Menschen, die gute Intuitionsfähigkeiten haben, müssen aufpassen, dass sie sich nicht zwischenmenschliche Probleme einhandeln. Denn oftmals sind solche Menschen für die Anderen nicht von den Menschen zu unterscheiden, die sowieso immer alles besser wissen. Es sei also angeraten, sich als stark intuitiver Mensch sehr zurückzuhalten und im richtigen Moment vielleicht nur die richtige Frage zu stellen. «Haben wir eigentlich daran gedacht, dass ...» – alle freuen sich über den stimmigen Impuls, es geht weiter und niemand muss sich bedrängt fühlen. Rudolf Steiner – der Begründer der Anthroposophie – führte aus, dass wir alle bereits eine Intuitionsfähigkeit besitzen, nämlich in Bezug auf unser «Ich», also der Wesenheit, die zu uns selbst «Ich» sagt. Wir wissen, wer «Ich» ist, wenn wir ehrlich zu uns sind. Das entspricht dem Gefühl der Intuition vom Bewusstsein anderer Wesen.

Wahrnehmung von Übersinnlichem

Ein völlig anderer Bereich als die soeben beschriebene übersinnliche Wahrnehmung ist die *Wahrnehmung von Übersinnlichem.* Die vorhergehend beschriebene übersinnliche Wahrnehmung ist Resultat eines – möglicherweise langen – Erkenntnisweges, die Wahrnehmung von Übersinnlichem ist jedem Menschen zu jeder Zeit gegeben – er muss nur auf die Idee kommen! Was ist der Unterschied?

Wir Menschen sind zum größten Teil übersinnliche Wesen. Wir haben einen Ätherleib, einen Astralleib und geistige Leiber – und zusätzlich einen physischen Körper, den wir immer sehen können. Mit unseren übersinnlichen Wesensgliedern haben wir Anteil an der uns umgebenden übersinnlichen Welt. Das kann man spüren, wenn sich diese äußere und innere übersinnliche Welt überlappen. Es führt zu einer Resonanz mit unserer Lebenskraft (Ätherleib) oder unserer Seele (Astralleib). Diese äußert sich bei der ätherischen Resonanz in einer Änderung des Körpergefühls (Schwere, Wärme, Kälte, Kitzeln, Druckgefühl, etc.) oder bei der astralen Resonanz in einer Änderung der seelischen Gestimmtheit (Freude, Trauer, Kühnheit, Lieblichkeit, etc.), je nach Art der von außen einwirkenden Kraft. Diese Eindrücke sind ortsbezogen. An dieser Stelle des physischen Raumes und nicht an jener Stelle dort einen Schritt weiter tritt das seelische oder körperbezogene Gefühl auf. So kann man einen Ort übersinnlich abtasten und eine räumlich klare Vorstellung erhalten, wie es denn dort übersinnlich «aussähe», wenn man es denn sehen könnte.

Meditation

Ein dritter, wichtiger Bereich der Wahrnehmung höherer Welten wird *Meditation* genannt.

Um Missverständnissen vorzubeugen, der Begriff «Meditation» hat zwei verschiedene Bedeutungen. Es gibt die Meditation von etwas und die Meditation über etwas. Ersteres ist ein Übungsprozess, zweites ist ein Wahrnehmungswerkzeug. Man kann ein Mantra meditieren, das heißt, dann übt man, die Kraft aufzubringen, dieses – und nur dieses – für eine Zeit im Bewusstsein zu halten. Das ist eine Meditation von diesem Mantra. Man kann über ein Mantra meditieren, dann erlebt man dessen kosmischen Zusammenhang. Man erfährt eine höhere Bedeutung eines Zusammenhanges, nachdem man ihn in sein eigenes Bewusstsein stellen konnte. Im allgemeinen Sprachgebrauch werden die beiden völlig unterschiedlichen Bereiche nicht unterschieden. Zur Vereinfachung: Man kann etwas meditieren, was man schon kennt, das ist eine Übung. Die Übung besteht darin, immer mehr und mehr in der Lage zu sein, nur diesen Bewusstseinsinhalt (z.B. das Mantra) und nichts anderes zu denken. Oder, man meditiert über etwas, was man noch nicht kennt, stellt etwas, über das man übersinnlich etwas erfahren möchte, in sein Bewusstsein. Der höhere Kontext wird dann dem Meditierenden als Wahrnehmung gegeben. So kann ein Forscher beispielsweise die übersinnlichen Vorgänge an einer kranken Leber meditieren, auch ohne dass ein Mensch mit kranker Leber vor ihm sitzt.

* * *

Als junger Student saß ich eines Tages an meinem Schreibtisch und lernte. Plötzlich hatte ich ein merkwürdiges Gefühl an meiner linken Schulter. Wie, als ob etwas von außen auf meine Schulter einwirken würde, doch da war nichts zu sehen. Als ich mich etwas zur Seite bewegte, bewegte sich dieses Gefühl seltsamerweise nicht mit mir mit, sondern es blieb wie konstant im Raum, wirkte also an einer etwas anderen Stelle auf meine Schulter ein. Als ich meine Hand durch den Raum vor mir führte, hatte ich an einer Stelle die Empfindung, da wäre etwas. Etwas Unsichtbares. Es fühlte sich dort an, als ob ein Schatten auf meine Hand fiele, doch war dort kein Schatten. Dieses Schattengefühl ließ sich weiter durch den Raum verfolgen. Auf diese Weise konnte ich eine unsichtbare Wand wahrnehmen, die meine Hand und vorher meine Schulter getroffen hatte. An dieser Stelle wurde mir schlagartig klar, dass es tatsächlich etwas Übersinnliches geben musste. Es war genau zu der Zeit, als ich das erste Mal mit Anthroposophie in Berührung kam und die Theosophie von Rudolf Steiner las, ein Grundlagenbuch der Anthroposophie. Dort las ich von übersinnlichen Welten und hatte nun das erste Mal eine Bestätigung.

Damals hatte ich kein Konzept für eine solche Struktur, wie sie durch meinen Raum lief. Ein «Erdstrahl», oder was auch immer das sei. Heute, über 30 Jahre später, würde ich eine solche unsichtbare Wand eine lineare, ätherische Verdichtung der Erdenaura nennen. Die Struktur war ätherisch und sie kam mit meinem Ätherleib in Resonanz. Als Resultat stellte sich ein körperorientiertes Gefühl von lokaler, leichter Kälte ein, also eben, als ob ein Schatten auf die Haut fiele.

Wenige Tage später passierte etwas völlig anderes. Ich stellte fest, dass ich diese merkwürdige unsichtbare Wand auch «sehen» konnte. Nicht mit den Augen, das war mir schon damals klar. Irgendwie sah ich sie mit dem Bewusstsein. Es war wie optisch, aber eben nicht optisch. Mit geschlossenen Augen konnte ich sie ge-

nauso gut «sehen». Es «sah» ungefähr so aus, wie wenn man Kandiszucker in ein Glas mit Tee wirft und nicht rührt. Dann steigen langsam Schlieren größerer optischer Dichte auf.

An dieser Stelle verstand ich, dass es (mindestens) zwei Wahrnehmungsmöglichkeiten von Übersinnlichem gibt: Es zu «fühlen» (als Resonanz, was ich erst viel später verstand) und zu «sehen» (mit dem Bewusstsein, mit der spezifischen Methodik der Imagination, die mir erst viel später deutlich wurde).

Tröstlich ist aber doch, dass ich anfänglich Übersinnliches wahrnehmen konnte, ohne auch nur eine Ahnung von diesem Thema zu haben! Mir war aber von Anfang an klar, dass es da noch viel zu erforschen geben wird ...

Kapitel 2
Wahrnehmung von Übersinnlichem als universelle Fähigkeit

Seht ihr den Mond dort stehen? –
Er ist nur halb zu sehen,
und ist doch rund und schön!
So sind wohl manche Sachen,
die wir getrost verlachen,
weil unsere Augen sie nicht sehn.

Aus «Der Mond ist aufgegangen»,
Abendlied, Matthias Claudius

Jeder Mensch ist viel näher an der Wahrnehmung von übersinnlichen Wesen und Strukturen, als er es üblicherweise für möglich hält. Wobei nicht die klassische übersinnliche Wahrnehmung (siehe vorheriges Kapitel) gemeint ist – obwohl auch das nicht falsch wäre – sondern die Wahrnehmung von Übersinnlichem, weil wir selbst hauptsächlich übersinnliche Wesen sind. Wir leben, wir haben Gefühle, wir können denken. Das alles sind Eigenschaften, die keine mechanischen Körperfunktionen sind. Diese Eigenschaften sind durch übersinnliche Sphären (Ätherleib, Astralleib und höhere geistige Wesensglieder) konstituiert. Dann gibt es etwas, das sagt «Ich» zu Ihnen selbst. Dieses «Ich» ist kein psychologisches Konstrukt, sondern das ist ein geistiger Zusammenhang, der Sie selbst sind. Sie sind ein reales geistiges Wesen. Dieses Wesen ist nebenbei bemerkt ewig andauernd (siehe Kapitel 9). Sie sind in einem physischen Körper zu Hause, Sie bewohnen ihn. Damit dieser physische

Körper funktioniert, damit Sie eine physische Wohnung haben, gibt es besagte höhere, übersinnliche Wesensglieder. Ihr Ätherleib führt in Ihrem Körper das aus, was man (siehe Kapitel 1) als «Kriterien des Lebens» bezeichnen kann. Ihr Astralleib lässt Sie Mitmensch sein, Sie können seelisch an anderen anknüpfen, mit anderen mitfühlen, man nimmt Sie wahr als Wesen mit Gefühlen.

Die anderen Menschen sind entsprechend konstituiert. Ihnen begegnen Sie und haben ein Erlebnis – natürlich körperlich, aber eben auch seelisch und geistig.

Sie erleben auch Tiere, die eine Seele haben (und natürlich lebendig sind). Sie erleben Pflanzen als lebendig (aber nicht als beseelt). Tiere haben natürlich einen jeweils eigenen Astralleib und Ätherleib. Wohingegen Pflanzen einen eigenen Ätherleib haben, aber keinen eigenen Astralleib.

Sie können aber auch an Orten in der Natur oder auch in Wohnräumen spezifische Stimmungen wahrnehmen. Letzteres zeigt auch schon, dass die vorhergehenden Zeilen stark vereinfacht sind, denn wenn Sie in der Natur, in der Pflanzenwelt, eine seelische Stimmung erleben, sind dort nicht notwendigerweise Tiere mit einem Astralleib vorhanden. Dieser Widerspruch wird im Kapitel 8 über Elementarwesen aufgelöst. Schon gar nicht finden wir Tiere in unseren Wohnräumen, in denen wir ebenfalls eine Stimmung erleben.

Es sei somit schon hier erwähnt: Es gibt eine Menge anderer Wesen und Strukturen außerhalb von Ihnen. Genau genommen kann man sagen, dass wir auf dem Grunde eines Ozeans aus Übersinnlichem stehen! Wir können nicht zwei Schritte tun, ohne in etwas Übersinnliches hineinzulaufen. Die meisten Menschen glauben (wenn sie das überhaupt glauben), die Engel wären im Himmel, die Verstorbenen auf dem Friedhof und (was nur wenige glauben) Zwerge und

Feen laufen im Wald herum. So einfach (falls das einfach ist) ist es nicht. Wir haben in unserem Leben verlernt, das Übersinnliche zu sehen. Als Kleinkinder konnten wir das noch. Doch diese Fähigkeit können wir uns wieder erarbeiten.

Bis dahin geht es sehr gut, mit unserem Ätherischen mit dem Ätherischen außerhalb von uns und mit unserem Astralen mit dem Astralen außerhalb von uns in Resonanz zu kommen. Das geht ziemlich einfach, denn alles Übersinnliche besteht aus demselben Material wie wir.

* * *

Resonanz

Ein sehr einfaches Beispiel für die Wirkung einer Resonanz zwischen unserem Ätherischen und etwas Fremdätherischem ist – zu essen. Jeder von uns weiß, wie gut oder schlecht ihm unterschiedliche Lebensmittel tun. Die Bockwurst von der Autobahnraststätte hat bekanntermaßen je nach Ort eine höchst unterschiedliche Qualität. Manches Mal muss man sich nach der halb aufgegessenen Wurst fragen, ob es denn ratsam wäre, die Mahlzeit fortzusetzen. Hat man es dann doch getan, wird einem unmittelbar anschließend bewusst, dass man das doch besser gelassen hätte. Dabei ist diese Wurst noch gar nicht verdaut, sie liegt noch im Magen. Wovon wir uns nämlich eigentlich ernähren, ist – vereinfacht gesagt – das Ätherische der Nahrung. Ein Lebensmittel ist Teil eines (zumindest vor der Zubereitung) lebendigen Zusammenhanges. Es gibt nichts Lebendiges ohne einen Ätherleib, der den Substanzzusammenhang überhaupt erst zum Leben erweckt. So trägt jedes Lebensmittel noch einen Teil dieses Ätherleibes in sich, ob Rumpsteak oder Radieschen. Und hier macht es dann sekundär einen gewaltigen Unterschied, ob eine Speise gekocht oder in der Mikrowelle erhitzt wurde, ob sie vorher eingefroren wurde, ob sie in der Lebensmittelindustrie zur Fremdkörperbestimmung geröntgt, ob es sich um eine Demeter- oder eine Hybridmöhre handelt. Nebenbei bemerkt haben übersinnliche Untersuchungen von Lebensmitteln immer wieder gezeigt, dass der größte Unterschied in der Lebensmittelqualität nicht zwischen biologischen und konventionellen, sondern zwischen im Demeter-Landbau und biologisch angebauten Lebensmitteln liegt. Kein Wunder, wo sich doch der übliche biologische Landbau durch Weglassen (von Pestiziden oder Kunstdünger) definiert, wogegen Demeter-Landbau mit seinen biologisch-dynamischen Präparaten der Erde etwas zufügen will.

Die Beurteilung einer übersinnlichen Lebensmittelqualität kann weit darüber hinaus gehen, ob einem das Lebensmittel gut oder schlecht bekommt. Ohne dass sich die Fähigkeit zum übersinnlichen Sehen (Imagination) eingestellt haben muss, ist es möglich, einer Wirkung eines Lebensmittels im Körper nachzuspüren. Das heißt genau genommen zu spüren, welche Wirkung das Ätherische der Nahrung auf den eigenen Ätherleib hat. Hier zeigt sich, dass man regelrecht bestimmte Gesten von Lebensmitteln im eigenen Ätherleib unterscheiden kann. Das heißt, eine Dynamik tritt ein, die wahrnehmbar ist, vielleicht ein Strömen aufwärts oder abwärts. Oder eine Verdichtung in bestimmten Körperbereichen lässt sich feststellen. Nicht nur, dass einzelne Lebensmittel bestimmte Gesten bewirken, sondern auch Gesten verschiedener Sorten vom gleichen Nahrungsmittel sind gut zu unterscheiden, also solche von beispielsweise unterschiedlichen Roggensorten oder von unterschiedlichen Möhrensorten.

Man möge es einfach zum Beispiel mit unterschiedlichen Sorten von (Bio)-Möhrensaft ausprobieren. Man nehme einen kleinen Schluck: Welche Gesten treten im Ätherleib auf? Oder, um es weniger abstrakt zu formulieren: Welche Geste ist im Inneren des Körpers und des näheren Umraumes (etwa 20 cm) zu spüren? Die Ergebnisse sind – selbst für absolute Anfänger – eklatant. Experten – wie meine geschätzten Kollegen aus der von Dorian Schmidt begründeten Bildekräfteforschung – stellen regelrechte Gestenkataloge auf, die zur Lebensmittelbeurteilung herangezogen werden können.

Gleiches kann auch einfach mit rhythmisierten oder potenzierten (homöopathischen) Medikamenten geübt werden. Hier sind nicht nur die ätherischen Ebenen im Vordergrund, wie es bei den Lebensmitteln der Fall war, sondern ebenso astrale und geistige Ebenen. Man hat es bei einem Medikament mit einer das Fläschchen umgebenden Fülle von wirkenden Ebenen zu tun, deren Wirkung auf die eigenen Wesensglieder leicht verfolgt werden kann. (Die Gründe für deren Vorhandensein sind im Kapitel 11, «Das Wesen der Substanz», ausgeführt) Das Medikamentenfläschchen kann einfach in der Hand gehalten und in den Bereich vor dem eigenen Herzen geführt werden. Welche Geste tritt im Ätherleib auf? Gibt es ein Zielorgan? Ist mir die Nähe angenehm oder unangenehm?

Gut ist grundsätzlich, dieses in Gruppen zu üben. Wenn – was üblicherweise geschieht – die individuelle Beobachtung des Einzelnen an sich selbst in der Gruppe mit den anderen Wahrnehmungen zusammenklingt, ist dies ein starkes Evidenzerlebnis.

Bei den vorhergehenden Übungen geht es darum, die einer Substanz innewohnende Qualität des Ätherischen oder Astralen, sowie deren Wirkung auf unsere entsprechenden übersinnlichen Ebenen in direkter Resonanz zu erspüren. Weitergehend kann geübt werden, unterschiedliche Qualitäten an einem bestimmten Ort festzustellen.

Ätherstrukturen über Resonanz wahrnehmen

Wenn man in einem alten Kloster ist, stelle man sich in die Mitte des Kreuzganges. Die Mönche, die dort seit möglicherweise Hunderten von Jahren wandeln, haben eine ätherische Spur im «Grundätherischen» hinterlassen, welches unseren Erdball umgibt. Ein Schiff hinterlässt eine Spur im Wasser, die nur wenige Meter lang ist und bald wieder verschwindet. Im Ätherischen höhlt steter Tropfen den «Stein». Man kann eine bleistiftdünne Wand genau in der Mitte des Kreuzganges wahrnehmen. Stellt man sich dorthin, spürt man möglicherweise genau dort beispielsweise ein feines Wärmegefühl, eine Verdichtung oder ein Kitzeln auf der Nase. Eine solche Ätherstruktur findet man auch auf alten Handels- oder Pilgerwegen. Man kann die Wahrnehmung dieser Strukturen geradezu archäologisch einsetzen, der Weg vergeht, die Spur bleibt.

Eine andere sehr gute Übungsmöglichkeit, die sich auch für Gruppen eignet, ist, die übersinnlichen Strukturen um einen Baum herum zu spüren. Der Baum ist übersinnlich ein komplexes Gebilde und bietet für jeden etwas. Auch zu einem späteren Zeitpunkt, wenn sich möglicherweise die Fähigkeit des übersinnlichen Schauens eingestellt hat, gibt es an einem Baum geradezu unendlich viel zu entdecken.

Ein Baum ist ein Lebewesen und hat als solcher einen Ätherleib. Dieser kann differenziert auf verschiedenen Ebenen betrachtet werden. Es gibt auch differenzierte astrale und geistige Ebenen. Warum das so ist, wird in Kapitel 8 und 11 dargestellt. Im Anhang 3 des Buches findet sich eine schematische Darstellung der übersinnlichen Strukturen eines Baumes.

Aber man mag es erst einmal als Black-Box-Versuch probieren und sich überraschen lassen!

Um es voranzustellen – die weitreichendsten Strukturen fangen bereits eine ganze Baumlänge vom Stamm entfernt an.

Resonanz mit Elementalen

Wie es schon im vorhergehenden Kapitel anklang, sind unsere Gefühle eigenständige astrale Wesenheiten, die eine langwährende Präsenz auch außerhalb unseres Astralleibes haben. Sie werden erzeugt, wenn wir etwas fühlen und befinden sich somit an den Orten, an denen sie erzeugt wurden. Wenn aber etwas gefühlshaft gemeint ist – Ort oder Person – werden diese Wesenheiten an jene Orte oder Personen verbracht, die vom Fühlenden gemeint wurden.

Diese astralen Wesenheiten werden unter den Kollegen «Elementale» genannt. Unsere Wohn- und Arbeitsräume sind voll damit. Sie sind gefüllt mit der Realität unseres Fühlens. Das ist das, was Menschen wiedererkennen, die uns in unseren Wohnungen besuchen: «Es fühlt sich hier nach dir an!» Oder vielleicht bei Präsenz vieler Handwerker in der Wohnung und somit viel eingebrachter Fremdastralität, kann man merken, dass man in seinen Räumen erst einmal wieder zu Hause sein werden muss. Ein Konferenzraum ist mit völlig anderen Elementalen gefüllt als ein Kaffeehaus oder ein Beichtstuhl. In solchen Räumen kommt die dort vorhandene Astralität in Form von Elementalen mit unserem Astralleib in Resonanz. Diese spüren wir klar als eine spezifische Stimmung im Raum. Es handelt sich um eine klare «Wahrnehmung von Übersinnlichem». Nicht um «übersinnliche Wahrnehmung», dann würde man die Elementale und ihre Qualität imaginativ sehen! Das ist selbstverständlich möglich, ist aber eben ein ganz anderes Thema und setzt bestimmte Fähigkeiten voraus.

Fernfühlung als indirekte Resonanz

Diese ganz normale Eigenschaft unserer Gefühle, nämlich auch eine Realität außerhalb unseres Herzbereiches zu haben, in welchem sie erzeugt werden, kann man sich auch als Wahrnehmungsinstrument zu Nutze machen. Viele Menschen berichten, sie würden immer wissen, wie es ihren Kindern, Ehepartnern, Verwandten, Freunden geht, auch wenn sie hunderte von Kilometern entfernt wohnen. Sie denken an sie mit der inneren Frage, wie es ihnen denn ginge – und dann wissen sie es plötzlich.

Es gibt kein Phänomen dieser Art, welches sich nicht mit einer methodisch orientierten übersinnlichen Beobachtung erklären ließe. Was übersinnlich dahinter steht, ist die Tatsache, dass die Elementale, die beim Fühlen erzeugt werden, eine Richtung haben können, am Zielort (bzw. bei der Zielperson) in Resonanz kommen können, zum Sender zurückkehren können und dort wieder in Resonanz kommen. Das führt beim Wahrnehmenden zu einer spezifischen Gefühlsänderung, die wie ein Echo auf das innerliche Hinwenden auftritt. Dieser Vorgang klingt kompliziert, ist aber übersinnlich sehr klar zu beobachten. Man kann ihn genauso bei Personen wie bei Orten einsetzen. Es ist möglich zu fühlen, wie sich die Stimmung im Stamm des Baumes, in der Krone und im oberen Kronenbereich unterscheidet. Dieser beschriebene Vorgang, die Elementale sozusagen als Verlängerung des Astralleibes einzusetzen und so mit einer gewissen Zeitverzögerung zu einer resonativen Antwort der fragenden Hinwendung zu einem Objekt zu gelangen, kann «Fernfühlung» genannt werden. Sie ist ein mächtiges Werkzeug – was bei wahrzunehmenden Personen auch mit der entsprechenden Sensibilität und Zurückhaltung einzusetzen ist.

Willentlich Elementale aussenden kann man nicht. Ausgelöst wird die Fernfühlung durch die Geste der interessierten, fragenden Hinwendung über das Herz. Man kann die Geste als ein «Hinschnuppern mit dem Herzen» beschreiben. Dieses führt zu den beschriebenen Vorgängen.

Unbewusst setzen wir unsere Fähigkeit zur Fernfühlung sowieso ein. Man kann sich schon fragen, warum Videokonferenzprogramme wie Zoom oder Skype so gut funktionieren. Der technische Prozess ist an sich schon bemerkenswert. Bild und Ton werden aufgenommen und in kleine Datenpakete geteilt. Diese werden über das Internet nach Honolulu oder Novosibirsk gesendet oder wo sich der Gesprächspartner gerade befindet und dort wieder zusammengesetzt. Das ergibt flüssigen Ton und bewegtes Bild. Man sollte auf Grund der Distanz zwischen den Personen und der Diskontinuität des Informationsflusses keine Begegnungsqualität erwarten, erlebt aber beim Skypen oder bei Zoom eine eindrucksvolle seelische und geistige Präsenz des anderen. Das liegt daran, dass die eigentliche Verbindung zwischen den Personen eine übersinnliche ist. Die Gefühlselementale (und auch die Gedankenelementale) erreichen den anderen unmittelbar und ohne jede technische Hilfe. Das bedeutet, wir könnten den anderen eigentlich auch ohne solche Programme erreichen, es hilft uns lediglich, uns in diesem Moment der Begegnungsqualität sicher zu sein.

Das mag uns motivieren, uns der übersinnlichen Verbindung mit unseren Mitmenschen sicher zu sein, wann immer wir sie wollen.

Beziehungspflege ist auch, beim Absenden einer SMS oder einer WhatsApp-Nachricht liebevoll an den Adressaten zu denken. Dann erreicht ihn die Nachricht gleich doppelt!

In den Lehrerkonferenzen der Waldorfschulen gibt es den schönen Brauch der Kinderbesprechung. Ein Schüler, welcher in irgendeiner Form auffällig geworden ist und von dem man der Auffassung ist, dass er eine bewusste Zuwendung benötigen könnte, wird vom Klassenlehrer in der Konferenz positiv beschreibend und liebevoll vorgestellt. Es wird überlegt, welche Hilfe diesem Kind in welcher Art zu Teil werden kann. So erhält es für diese Zeit der Kinderbesprechung (und hoffentlich darüber hinaus) die geballte positive Zuwendung durch das Kollegium. Diese Zuwendung ist übersinnlich real. Oftmals berichten die Kollegen von einer schlagartigen Besserung des Verhaltens des Schülers.

* * *

Einst saß ich zu meinen Lehrerzeiten am Schreibtisch und korrigierte Chemie-Leistungskursklausuren. Nun ist das keine besonders erhebende Tätigkeit, doch auch kein Grund, mich beklommen zu fühlen, was aber urplötzlich eintrat. Andere äußere Gründe dafür lagen auch nicht vor, so konnte ich mich nur wundern. Als ich die nächste Klausur vor mich hinlegte, verschwand die Beklommenheit und ein völlig anderes Gefühl trat auf – eine Freude – die mit meinem eigentlichen inneren Zustand auch nichts zu tun hatte. Ich stutzte und legte die dritte Klausur vor mich auf den Schreibtisch – und das Gefühl änderte sich erneut. Ich war damals schon in der Lage, Astralität imaginativ wahrzunehmen, «schaltete» dieses Wahrnehmen ein und sah, dass an den Klausuren die Elementale meiner Schüler «klebten». Konkret das – als Elementale – was sie beim Arbeiten an den Klausuren gefühlt hatten! Vielleicht hatten sie sich über die schweren Aufgaben geärgert, hatten Angst, das Abitur nicht zu bestehen, haben sich über Lösungen gefreut – alles war an den Klausuren verewigt. Vielleicht will man das als Lehrer gar nicht so genau wissen ...

Alles, was wir denken und fühlen, konstituiert eine übersinnliche Realität, hat Ziel und Wirkung.

Ich habe mal mit einem befreundeten Ehepaar – sie ist anthroposophische Ärztin – geforscht, wie man denn homöopathische Medikamente dem Patienten verabreichen kann, ohne dass dieser sie einnimmt. Nun, nichts gegen das Einnehmen, aber es war eine Grundlagenforschung darüber, welche anderen Wege möglich sein könnten.

Die Ärztin saß neben mir auf dem Sofa, der Ehemann auf einem Stuhl 2,5 m entfernt von uns. Sie gab ihm nun eine Ampulle «Meteoreisen Injektionspräparat» in die Hand, die er mit der Hand umschloss und an seine Brust führte. Ich konnte daraufhin in seinem Ätherleib charakteristische Umfärbungen wahrnehmen. Als ich davon berichtete, kam die Freundin auf die Idee, sie könne doch das Mittel in seine Richtung denken und fühlen. Als anthroposophische Ärztin war ihr das Mittel ja wohlbekannt. Die Ampulle wurde weit weggelegt und sie sagte «Los!» und ich beobachtete. In seinem Ätherleib traten wieder die charakteristischen Umfärbungen auf, dieses Mal etwas anders verteilt. Nach meinem Bericht schlug sie vor, sie könne ja mal etwas in seine Richtung denken, doch würde sie nicht sagen, was. Gesagt, getan – und sein kompletter Ätherleib schlug nach Grün um, was eine ungewöhnliche Farbe für einen Ätherleib ist. Was hatte sie an ihn gedacht? Eine rote Rose.

Da hatte er aber Glück gehabt! Wenn schon der Gedanke «rote Rose» eine solch durchgreifende Wirkung hat, dann kann man mit seinen Gedanken nicht vorsichtig genug sein! Was wünschen wir unseren Mitmenschen nicht alles Schönes oder Schlimmes, begleitet von wohl – oder eben übelwollenden Gedanken.

Eine ehemalige onkologische Fachklinik, die mittlerweile leer stand, sollte in ein Kinderheim umgewandelt werden. Wenn man die nun leeren ehemaligen Krankenzimmer betrat, fühlten die sich überhaupt nicht leer an. All das Leid, die Schmerzen, die Angst, waren noch astral vorhanden. Das konnte jeder spüren, dazu musste man nicht hellsichtig sein. Man prallte wie an einer unsichtbaren Wand ab, wenn man die Zimmer betrat. Ich hatte den Auftrag, diese ehemalige Klinik wieder in einen bewohnbaren Zustand zu bringen. So war ein Teil des Auftrages, diese alte Astralität, mit der jeder unangenehm in Resonanz kam, zu entfernen, was alleine schon zwei Tage Arbeit war.

Kapitel 3
Der Weg der Erkenntnis

> Ein Mann, der Herrn K. lange nicht gesehen hatte, begrüßte ihn mit den Worten: «Sie haben sich gar nicht verändert.»
> «Oh!» sagte Herr K. und erbleichte.
>
> *Bertolt Brecht, Das Wiedersehen*

Man kann seine Sinne schulen. Blinde können flüssig Blindenschrift ertasten, was uns Sehenden zunächst völlig unbegreiflich erscheint. Ein Orchesterdirigent hört vierzig verschiedene Instrumentengruppen differenziert aus einem Klang heraus. «Die zweite Trompete bitte weicher im Übergang zu Takt 243!» Parfümeure und Önologen riechen bzw. schmecken höchst differenziert. «Der Wein hat eine Spur von Sandelholz im Abgang ...»

Andere Ohren, Nasen oder Fingerspitzen als wir haben die betreffenden Personen auch nicht. Sie haben Fähigkeiten geschult, aufbauend auf unserem alltäglichen, angeborenen Zustand.

Mit dem Denken und der Vorstellungskraft ist es auch so. Ein guter Schachspieler kann sich etliche Züge und die wahrscheinlichen Gegenzüge seines Opponenten im Voraus vorstellen. Das geht bis dahin, dass «Blindschach» gespielt werden kann, also die ganze Partie Zug für Zug nur in der Vorstellung der Spieler abläuft. «Reine Übungssache» zu sagen, wäre hier ein wenig lässig. So ist es aber im Prinzip.

Alle unsere seelischen und geistigen Fähigkeiten sind steigerbar. Wir können auch unseren «sechsten Sinn» schu-

len. Eine Voraussetzung dazu ist, dass man die übersinnliche Wahrnehmung in ihrem Ablauf genauso erklären kann wie auch die Vorgänge beim Sehen oder Hören. Übersinnliche Wahrnehmung fällt nicht vom Himmel, sie ist Ergebnis eines Vorganges, den man beschreiben kann. Es gibt eine Methodik der übersinnlichen Wahrnehmung. Ob das den Menschen die übersinnlich wahrnehmen bewusst ist, ist eine völlig andere Frage. Selbst die Wahrsagerin, die in eine Kristallkugel schaut, verwendet unbewusst eine Methode. Die Methode ist nicht «ich schaue in die Kristallkugel», sondern sie nutzt bestimmte seelische und geistige Fähigkeiten, die sie erübt hat oder die ihr angeboren waren. Sonst würde sie nichts sehen können! Fast möchte ich sagen, dass diese Person die Kristallkugel eigentlich gar nicht benötigt. Es wäre sowieso ein Trugschluss zu glauben, man würde etwas Übersinnliches mit den Augen sehen. Es ist nur ein «wie sehen». Tröstlich ist, dass man übersinnliche Wahrnehmungen haben kann, ohne zu verstehen warum. Es ist aber hilfreich, die Methoden zu kennen, denn das führt zur größeren Klarheit, Sicherheit und Genauigkeit.

Um einen Weg zu gehen, auf dem sich Fähigkeiten zur übersinnlichen Wahrnehmung entwickeln können, ist nun zweierlei nötig.

Zum einen muss man überhaupt erst einen inneren Raum schaffen können, in dem diese Begegnung stattfinden kann. Es ist ein Raum der Stille. Das ist gar nicht so einfach. Denken Sie doch mal einfach für 30 Sekunden nichts! Sie werden sehen, was passiert.

Zum anderen muss man Fremdes und Eigenes unterscheiden können. Es gibt so viele Täuschungsmöglichkeiten! Wie viele Menschen nehmen schon im alltäglichen Leben nur das wahr, was ihre eigene Vorstellung von der Welt *ist! Man muss in sich die Fähigkeit erschaffen, zwischen dem zu unterscheiden, was eigener Wunsch, eigene Vorstellung ist und dem, was eine echte Begegnung mit etwas Übersinnlichem ist. Dazu muss man sich selbst kennen. Ein Weg zur übersinnlichen Wahrnehmung ist immer ein Weg der Selbsterkenntnis. Das ist immer mühsam. Selbsterkenntnis ist unbequem. Einen Königsweg zur übersinnlichen Wahrnehmung gibt es aber nicht. Es muss nicht gleich die Eiger-Nordwand sein, aber der Aufstieg bis zum klaren Überblick vom Gipfel führt durch Geröllhalden und Gletscherspalten. Wer sich mit dem Hubschrauber auf den Gipfel bringen lässt, hat vielleicht eine Aussicht, existieren kann er dort oben aber nicht. Er ist nicht dafür gerüstet. Drogen zu nehmen, wäre eine solche vermeintliche Abkürzung. Bergsteiger haben lange geübt, um einen Aufstieg aus eigener Kraft zu schaffen. Wenn sie auf die Berge steigen, stärkt es sie weiter. Da eine Droge niemandem Kraft geben kann, kommt die Kraft, die einen in im Drogenkonsum in die Höhen der geistigen Welt katapultiert, immer aus der eigenen ätherischen Substanz. Solche Drogenerlebnisse schwächen mehr und mehr und sind somit teuer erkauft.*

Es ist möglich, einen Weg aus eigener Kraft zu gehen, der einen befähigen kann, eine übersinnliche Wahrnehmung zu haben. Ich meine eine wirkliche übersinnliche Wahrnehmung und nicht die vorher ausführlich beschriebene «Wahrnehmung von Übersinnlichem». Also, Wesen und Strukturen «zu sehen» und mit ihnen in einen dialogischen Kontakt zu kommen. Aber, um es gleich zu sagen, erzwingen kann man es nicht. Das ist aus vielerlei Gründen auch gesund und sinnvoll so.

* * *

Ehrlichkeit und Selbstkontrolle

Bin ich eigentlich Herr in meinem eigenen Haus? Denke ich, was ich will oder treibt es mich von einem Gedankenfetzen zum nächsten? Merke ich nach fünf Minuten vermeintlichen Nachdenkens über die Steuererklärung, dass ich doch in Erinnerungen über den letzten Urlaub schwelge? Reißen mich Emotionen mit, handle ich im Affekt oder kann ich in eine reflektierte Distanz zu meinen Gefühlen treten? Gibt es nach einer Handlung ein: «Oh, das habe ich eigentlich nicht gewollt?» Ist ein Lehrer zornig und kann seine Missbilligung klar und bewusst an betreffende Schüler richten – oder ist er wütend, tobt vor den Schülern und hat sich selbst nicht mehr im Griff?

Ein spiritueller Weg besteht immer aus zwei Bereichen. Der eine ist generell und somit für jeden gleich, der andere ist persönlich und betrifft nur mich mit meinen spezifischen Eigenheiten.

Der persönliche Bereich betrifft die Wandlung. Wie bin ich eigentlich wirklich? Ein gutes – das heißt ehrliches, auch negatives – Feedback von anderen erhält man viel zu selten. Auf einem solchen Weg sind wir zur strengen Selbstbeobachtung aufgerufen. Genau genommen hält uns das Leben in jeder Minute den Spiegel vor: Wie eitel, habgierig, egoistisch bin ich eigentlich? Nicht, dass ein spiritueller Weg zur Selbstkasteiung aufrufen soll, wir haben sicher auch viele positive Eigenschaften, aber das Bessere ist immer der Feind des Guten. Üblicherweise bekommen wir von außen eher positive als negative Rückmeldungen. Umso wichtiger ist die Ehrlichkeit mit sich selbst.

Die von Rudolf Steiner angeregten Nebenübungen, die die Persönlichkeitsentwicklung betreffen (Gelassenheit,

Unbefangenheit, Positivität, innere Harmonie) sind Fokussierungshilfen, sein Gefühlsleben zu reflektieren. Das heißt nicht, dass man die genannten Eigenschaften notwendigerweise isoliert üben sollte. Die Nebenübungen können als Okulare verstanden werden, mit denen wir auf unser Leben schauen können. Eigentlich bräuchten wir sie nicht, sondern nur einen ehrlichen Blick auf unser Handeln in jeder Begegnung, die wir haben, bei jeder Entscheidung, die wir treffen. Und «innere Harmonie» kann man gar nicht üben. Innere Harmonie ist ein Resultat. Sie tritt auf, wenn man die Relativität seines Gefühlslebens in der Erfahrung erkannt hat und in Bezug zur Umgebung setzen kann. Die Wirkung davon ist, dass man mit allem Handeln im Rahmen des jeweiligen Kontextes bleibt und achtsam bezüglich der Konsequenzen der eigenen Entscheidungen für die anderen ist. Es heißt somit auch, Maß zu halten mit allem. Auch Maß zu halten mit dem Maßhalten. Man sollte nicht den sozialen Zusammenhang außer Acht lassen, nicht Eremit werden. Im Gegenteil! Wenn man sich auf einem spirituellen Weg befindet, sollte man immer mehr Zeitgenosse sein können, immer stärker in die sozialen Zusammenhänge integriert sein können.

Rudolf Steiner formulierte eine goldene Regel: «Wenn du einen Schritt vorwärts zu machen versuchst in der Erkenntnis geheimer Wahrheiten, so mache zugleich drei vorwärts in der Vervollkommnung deines Charakters zum Guten.» Es ist eigentlich ganz einfach. Begegnet man jemandem, der einen spirituellen Weg geht, sollte eine eigenständige, authentische Persönlichkeit vor einem stehen.

Wir sind nicht zufällig in die Situationen unseres Lebens geworfen, jede Begegnung, jede Entscheidung, die wir treffen müssen, bedeutet eine Lernaufgabe für uns. Der Grund für den biografischen Ablauf von Lernaufgaben wird «Karma» genannt (siehe Kapitel 9). Bleiben wir eigentlich unter unseren Möglichkeiten? Können wir so leben, dass der rote Faden deutlich wird? Die Lernaufgabe in unserem Leben zu erkennen, ist der zentrale Grund für die bewusst angegangene Selbstentwicklung.

Entwicklung der Chakren

Es gibt aber auch Wünsche, die konkreter mit dem spirituellen Weg verbunden sind, so, wie er klassischerweise verstanden wird. Nämlich, Erkenntnisse erlangen zu wollen über höhere Welten.

In unserem Ätherleib befinden sich Zentren, die dazu dienen, Geistiges, Astrales und Ätherisches in die spezifischen Qualitäten zu transformieren, die wir im Körper benötigen. Sie werden Chakren oder auch Lotusblumen genannt. Von diesen Chakren gibt es viele, die über den gesamten Ätherleib verteilt sind, aber es gibt auch die sieben Hauptchakren. Sie werden Kronenchakra (auf dem Scheitel), Stirnchakra (mitten auf der Stirn, nicht an der Nasenwurzel), Halschakra, Herzchakra (mitten auf der Brust, nicht über dem physischen Herzen), Solarplexuschakra (etwa 5 cm unterhalb des Brustbeines), Sakralchakra (am Schambein) und Wurzelchakra (am Damm) genannt. Deren Ausprägung ist jeweils eng mit bestimmten Persönlichkeitseigenschaften verbunden. An dieser Stelle wird nicht näher auf die Bedeutung der einzelnen Chakren eingegangen, man möge die diesbezüglich vielfältige Literatur zu Rate ziehen.

Entscheidend ist, dass mit der Umwandlung unserer persönlichen Eigenschaften auch eine sukzessive Umwandlung der Chakren verbunden ist. Unentwickelt stehen sie still, bei fortschreitender positiv gerichteter Arbeit an den persönlichen Eigenschaften beginnen sie sich im Uhrzeigersinn zu drehen. Hier lassen sich bei den verschiedenen esoterischen Strömungen widersprüchliche Angaben finden. Tatsächlich dreht sich jedes Chakra in diesem Falle im Uhrzeigersinn und nicht etwa jeweils in der Abfolge in den Richtungen abwechselnd. Auch kann dieses bei Frauen und Männern im Vergleich nicht unterschiedlich beobachtet werden. Eine Drehung im Uhrzeigersinn bedeutet, von außen auf die Person blickend im Uhrzeigersinn, wie wenn man auf eine Uhr blicken würde, die am Körper befestigt ist. Die fünf nach vorne gerichteten Chakren sind mit an der Körperrückseite lokalisierten Chakren verbunden. Diese drehen sich bei fortgeschrittener Entwicklung ebenfalls im Uhrzeigersinn. Also so, als ob die Uhr an der Körperrückseite befestigt wäre. Es ist dieselbe Drehrichtung, die in der Durchsicht aber gegenläufig wirkt.

Wenn sich die Chakren drehen, werden sie zu Wahrnehmungsorganen. Sie sind dann in der Lage, eine spezifische übersinnliche Qualität auszusenden. Dies ist für die Fähigkeit zur Imagination, zum «Sehen» von übersinnlichen Wesen und Strukturen notwendig. Der genaue Vorgang wird im nächsten Kapitel, «Methodik übersinnlicher Wahrnehmung», beschrieben.

Kontrolle über den Gedanken- und Bewusstseinsraum

Der generelle Teil eines spirituellen Weges bezieht sich darauf, ob wir wirklich Herr im Haus des eigenen Denkens und Vorstellens sind. Dieses zu werden, kann man üben. Man stellt einen beliebigen Inhalt in seinen Bewusstseinsraum und hält diesen dort, ohne etwas anderes zu denken. Eine vorbereitende Übung darauf ist die Nebenübung «Gedankenkontrolle», wie Rudolf Steiner sie anregte. Man nehme einen beliebigen einfachen Gegenstand (Kugelschreiber, Nagel, etc.) und denke fünf Minuten kontrolliert, das heißt einen logischen Gedanken über diesen Gegenstand nach dem anderen folgen lassend über ihn nach. Nur über diesen. Nicht abschweifen. So einfach, so schwer. Leicht fängt man mit dem Kugelschreiber an (Wie sieht er aus? Woraus ist er gemacht? Wie ist er gemacht? Wie verwendet man ihn? Wie funktioniert er eigentlich? ...) und stellt dann fest, dass es doch einige Arbeit erfordert, dass man nicht nach drei Minuten gedanklich bei der Liste der Einkäufe endet, die dringend noch zu erledigen sind.

Sehr verbreitet ist das Meditieren von Mantren. Ein Mantra ist ein Satz, der aus einem bestimmten Sinnzusammenhang stammt, wobei sich der Sinn dem Meditierenden nicht unmittelbar erschließen muss. Z.B. «Die Weisheit lebt im Licht.» oder «Ich empfinde mich denkend eins mit dem Strom des Weltgeschehens.» Dieses wird in das Bewusstsein gestellt, sprich: gedacht und gedanklich wiederholt, nicht darüber nachgedacht. Drei Minuten, fünf Minuten, zehn Minuten, je nach Ausdauer.

Man wird feststellen, dass solches Meditieren zunächst

schwerfällt, dann aber immer leichter wird. Die seelische Kraft, die dazu benötigt wird, wird größer. Im Laufe der Zeit kann diese Meditation geradezu zum Bedürfnis werden. Wann ist es denn sonst irgendwo endlich mal ruhig!

Der heilige Franz von Sales sagte einst: «Eine halbe Stunde Meditation am Tag ist absolut notwendig. Es sei denn, man hat keine Zeit. Dann braucht man eine Stunde.»

Häufig wird übersehen, dass mit dem Mantra nicht nur ein sprachlicher Zusammenhang gegeben wurde, sondern auch eine bestimmte Seelenhaltung oder -stimmung dazu angeraten wird. Diese ist außerordentlich wichtig für eine tiefergehende, spirituell klar definierte Wirkung des Mantras – so diese gewünscht wird. Für die einfache Übung, etwas selbst Gewähltes in seinem Bewusstseinsraum zu halten und die Kraft dazu zu stärken, könnte man auch «meine Oma fährt im Hühnerstall Motorrad» meditieren.

Die Folge einer Meditationspraxis, also etwas selbst Gewähltes in seinem Bewusstsein halten zu können, ist, ALLES Selbstgewählte in seinem Bewusstsein halten zu können – und insofern auch NICHTS. Nichts denken können. Tabula rasa.

Das gehört zu den kostbarsten Momenten im Leben eines übersinnlich Wahrnehmenden.

Dieses Erzeugen eines leeren Bewusstseins ist eine sehr wichtige Fähigkeit, um im Bereich der übersinnlichen Wahrnehmung zur Imagination, also zum «Sehen» von Übersinnlichem zu kommen. Unser Bewusstseinsraum steht sonst immer voll mit dem Gerümpel unseres Denkens. Das muss alles heraus. Eben auch, um zu einer klaren Wahrnehmung kommen zu können, bei der das Eigene von dem, was von außen kommt, klar unterschieden werden kann.

Ängste und Zweifel als Widersacher

Viele, die sich auf einen spirituellen Weg begeben, hören schnell wieder auf. Es ist an dieser Stelle wichtig zu betonen, dass das System hat. Es kann eine gewisse Scheu, um nicht zu sagen Angst vor Ergebnissen übersinnlicher Wahrnehmung auftreten. Man hat Angst, es würde plötzlich wie der Schleier von den Dingen weggerissen und es kämen Gestalten mit zweifelhaften Intentionen hervor, es würde gefährlich werden können. Dazu ist zu sagen, dass die geistige Welt nicht voll von Mausefallen ist, die nur darauf warten, dass man hineintappt! Man muss sich klarmachen, dass man ja sowieso unentwegt durch übersinnliche Wesen und Strukturen läuft, ob man sie nun wahrnimmt oder nicht. Man ist auf seinem Weg begleitet und wird zunächst nichts wahrnehmen, für das man nicht geeignet ist. Damit ist nicht gesagt, dass es diese Gestalten mit zweifelhaften Intentionen nicht gibt! Die Wesen und Zusammenhänge, die einem in den ersten Jahren des Erkenntnisweges natürlicherweise begegnen, sind harmlos und passend zu den Fähigkeiten des Wahrnehmers. Die Betonung liegt auf «natürlicherweise begegnen», denn es ist etwas Wichtiges und Grundlegendes festzustellen: Wer das Böse, die Gespenster, die Dämonen sucht, der wird sie auch finden. Bevor man sich auf zweifelhafte oder unklare spirituelle Praktiken einlässt, sollte man sich gut informieren, wer oder was dahintersteht. Von einer absichtlichen Wesensbegegnung mit den dunklen Kräften ist in den ersten Jahren des Weges dringend abzuraten. Eine solche Begegnung sollte erst erfolgen, wenn genügend spirituelle Kraft gewonnen wurde, dass man bei solchen Wesen eine Transformation ihrerseits erreichen kann. Hilfen zum Umgang mit Gespenstern sind in Kapitel 10, «Wahrnehmung von Verstorbenen», gegeben.

Weiterhin tritt oftmals eine Art Aversion gegen die spirituelle Betätigung auf. Die äußert sich recht subversiv. Wenn man mit der Meditation beginnen möchte, fällt einem ein, dass man doch noch einkaufen, die Fenster putzen oder den Hund bürsten muss. Und dann war es das mit dem Meditieren für den Tag. Das hat ebenfalls System. Rudolf Steiner wies darauf hin, dass es Entitäten im Kosmos gibt, die kein Interesse an der spirituellen Entwicklung des Menschen hätten. Solch ein Vorgang sei durch ein Einwirken solcher Wesen auf uns verursacht.

Zweifel ist ebenfalls so ein Knüppel, der einem zwischen die Beine geworfen wird. Nichts gegen Zweifel. Zweifel sind wichtig. Man kann aber auch vor lauter zweifeln zu gar nichts mehr kommen. Es sei angeraten, den Zweifel wie ein Werkzeug zu verwenden. Wenn man zweifelt, macht man es eben nochmal. Und nochmal, 17 Mal, 50 Mal. Irgendwann hat sich der Zweifel bestätigt oder zerstreut.

* * *

Ich selbst zweifle täglich an Aspekten meiner Wahrnehmung, aber meine Zweifelgrenze hat sich im Laufe der vielen Jahre verschoben. Worüber ich vor fünf Jahren zweifelte, ist mir heute sonnenklar. Und so hoffe ich, dass mich das methodische Überprüfen – essenziell auch im Austausch mit Kollegen – vertiefend weiterführen wird.

Übrigens wird von mir vielfach erwartet, dass ich Vegetarier sei. Bin ich aber nicht. Ich esse gerne Fleisch. Offensichtlich hält einen das nicht vom übersinnlichen Wahrnehmen ab. Und ich muss sa-

gen, dass mir Fleisch mit zu einer gewissen ätherischen Schwere verhilft. Die kann ich bei meinem Beruf gut gebrauchen. Manche Menschen müssen leichter werden, andere schwerer.

Ich habe auch schon manches Mal gehört, Amalgamplomben in den Zähnen würden übersinnliches Wahrnehmen unmöglich machen. Fehlanzeige. Ich habe mindestens acht davon. Aber wer weiß, was ich könnte, wenn ich die nicht hätte!

Übersinnliches Wahrnehmen ist im Allgemeinen alltagstauglich.

Was ich aber tatsächlich seit 32 Jahren nicht tue, ist Alkohol zu trinken. Ich bin ein sonst eher undogmatischer Typ, doch diesen Rat hatte ich von der Anthroposophie auf Treu und Glauben angenommen. Auch da kann ich natürlich nicht sagen, was, bzw. was nicht passiert wäre, wenn ich weiter Alkohol getrunken hätte.

Als Student fiel mir einmal ein anthroposophisches Buch in die Hand: Sieben Anlässe, etwas Neues zu denken. Nicht, dass ich das Buch gelesen habe, aber der Titel fuhr mir in die Knochen. Mir wurde schlagartig klar, dass ich bis dato immer nur Altes gedacht habe. Ich studierte Chemie und Biologie, lernte Formeln und Reaktionswege und dachte immer nur, was andere vor mir schon längst gedacht hatten. Plötzlich langweilte ich mich über mich selbst. Eine stille, aber tiefe Sehnsucht nach Neuem, Unbekanntem tauchte das erste Mal in meinem Leben auf. Ich erzähle dies, weil ich es immer wichtig fand, zu schauen, welche Aufgaben zu bewältigen in meinem Leben anstanden. Jahre später war dieser Gedanke soweit gereift, dass ich plötzlich das Gefühl hatte, nun alte Mauern einreißen zu müssen. Ich beschloss, eine Rucksackreise in Südamerika zu machen. Auf in die Anden! Durch die Wüste! In den Dschungel! Solch eine Art von Urlaub lag mir vorher ziemlich fern. Ich ging ins Reisebüro und fragte, wie ich denn am billigsten nach Südamerika käme. Man antwortete: «Am billigsten kommen Sie nach Venezuela, da will niemand hin, wegen der Unruhen!» – Ich hörte mich sagen: «Genau so ein Ticket hätte ich gerne!!» Nach Venezuela gebucht, vier Wochen später der Rückflug, was in der Zwischenzeit passieren sollte – keine Ahnung. So ging das Abenteuer der Selbstüberwindung los.

Im ersten Kapitel hatte ich mein Erlebnis als Student geschildert, wie ich anfänglich meine Fähigkeit zur Wahrnehmung von Übersinnlichem und auch der übersinnlichen Wahrnehmung entdeckte. Danach begann ich systematisch zu üben und den Erkenntnisweg der Anthroposophie zu gehen. Mir ist es wichtig, darzustellen, dass es zwölf Jahre dauerte, bis sich meine Wahrnehmungsfähigkeit nennenswert veränderte. Ich saß damals – bereits als Waldorflehrer – in der Lehrerkonferenz und «sah» plötzlich etwas um meine Kollegen herum. Es war wie eine Art Schein, eine Hülle – definitiv etwas völlig anderes als meine ätherischen Wände, die ich schon als Student wahrnehmen konnte. So konnte ich erleben, dass ich meine Wahrnehmungsfähigkeit wirklich weiterentwickeln konnte. In den zwölf Jahren dazwischen hatte ich lediglich das Gefühl, dass es gut wäre, mit dem Üben weiterzumachen. Ich hatte die Ahnung, es hätte etwas mit mir zu tun. Das hat sich dann schließlich bewahrheitet.

Kapitel 4
Methodik übersinnlicher Wahrnehmung

Man glaubt nun, wenn einer einmal hellsichtig geworden ist, dann wisse er alles. So einfach ist die Sache nicht. Hier in der geistigen Welt handelt es sich auch immer um ein Forschen von Stück zu Stück. Und auch bei Dingen, die genau untersucht worden sind, findet man immer Neues und Neues.

Rudolf Steiner GA 140

Karl Valentin sprach einst den unsterblichen Satz: «Kunst ist schön, macht aber viel Arbeit!» Für die übersinnliche Wahrnehmung kann man dasselbe sagen. Ein Fingerschnippen und man weiß Bescheid, so funktioniert das nicht. Zudem setzt man die übersinnliche Wahrnehmung auch nicht zum Spaß ein, man übernimmt immer Verantwortung, wenn man etwas wahrnimmt, was für andere nicht so einfach zugänglich ist. «Ich sehe was, was du nicht siehst» – und das, was man übersinnlich sieht, offenbart meistens viel. Beim Menschen sage ich immer «nackt ist nichts dagegen». Übersinnlich wahrzunehmen heißt immer auch die Fähigkeit zu üben, mit den Ergebnissen der Wahrnehmung so umzugehen, dass man sie nicht zum eigenen Vorteil, nicht manipulativ, sondern zum höchsten Wohle der Menschen nutzt. Wenn ich sehen kann, was der andere gerade fühlt, stehe ich vor der Herausforderung, eben nicht zu schauen, wenn es nicht ausdrücklich gefragt ist. Die übersinnliche Wahrnehmung sollte immer für andere, für die Menschen, für die Wesen stattfinden. Das ist auch der äußere Grund dafür, dass ein spiritueller Weg immer mit einer Persönlichkeitsentwicklung verbunden sein muss. Er muss frei von Egoismus sein. Sonst funktioniert er auch gar nicht. Man muss in der Lage sein, die Ergebnisse moralisch zu tragen. Und die Fähigkeit, Dinge zu schauen, muss verbunden sein mit der Fähigkeit, in jedem Moment auf dieses Schauen zu verzichten.

Auch in diesem Punkt liegt ein häufiges Missverständnis vor: Übersinnliche Wahrnehmung hat man nicht immer – man setzt sie ein, wenn man will! Es wäre ganz furchtbar, immer die Auren der anderen Menschen zu sehen, dazu fliegen noch überall die Engel und die Gedankenwesen herum. Wer sich vor übersinnlicher Wahrnehmung nicht schützen kann, hat ein ernstes Problem. Auch die ständige «Wahrnehmung von Übersinnlichem» (siehe Kapitel 2) wäre ganz unangenehm. Immer spüren zu müssen, was die anderen gerade fühlen oder denken ist ein ziemlich bemitleidenswerter Zustand. Es gibt leider gar nicht so wenige Menschen, bei denen das so ist. Hier liegt üblicherweise ein Missverhältnis der Größe des Mental- oder des Astralleibes und des ihn tragenden «Ichs» vor – und dieser Zustand ist heilbar! Die übersinnliche Wahrnehmungsfähigkeit mancher Personen würde aufhören, wenn es diesen gelänge, ihr Wesensgliedergefüge ins Gleichgewicht zu bringen.

Übersinnliche Wahrnehmung muss immer aus der Position der Stärke stattfinden, nicht aus der der Schwäche. Man schult auf einem spirituellen Weg geistige und seelische Eigenschaften, die es dann möglich machen, dass man sowohl übersinnlich wahrnehmen kann als auch gut durch den Alltag kommt.

Diese Fähigkeiten hat man sich erarbeitet und es ist ebenfalls Arbeit, sie einzusetzen. Jedes übersinnliche Wahr-

nehmen, von jedem Menschen, ist übersinnlich beobachtbar und beschreibbar. Es ist immer eine Methode. Und zur Sicherung der Klarheit und Wiederholbarkeit der Ergebnisse ist es immer wichtig, sich über seine verwendeten Methoden im Klaren zu sein, Methodenforschung zu betreiben. Wenn ich Kollegen frage oder diese in ihrem Auftrag übersinnlich beobachte, stelle ich fest, dass alle in der übersinnlichen Wahrnehmung methodisch in ganz ähnlicher Art vorgehen. Sie drücken es nur jeweils anders aus!

* * *

Bewusstseinsraum

Es gibt einen inneren Raum, den wir mit dem Bewusstsein greifen können. Man kann ihn «Bewusstseinsraum», «Bewusstseinsplateau», «Mentalleib» oder «Verstandesseele» nennen. Das ist der Raum, in dem wir denken und uns etwas vorstellen können. Dieser ist bei den Menschen höchst unterschiedlich ausgeprägt, von einem Dezimeter bis zu 150 m Radius. Vermutlich gibt es auch noch deutlich weitere Ausprägungen, doch wurde dies vom Autor noch nicht beobachtet. Der Bewusstseinsraum befindet sich übersinnlich gesehen auf einer unteren geistigen Ebene.

Das Bewusstseinsplateau ist der Raum der Begegnung mit dem Übersinnlichen. Dieser unser Denk- und Vorstellungsraum ist normalerweise gefüllt mit unseren Gedanken und unseren Gefühlen. Eine fortgeschrittene Meditationspraxis ermöglicht uns (siehe Kapitel 3) dieses Bewusstseinsplateau vollständig zu leeren. Das ist die Bedingung dafür, dass dieses Bewusstseinsplateau zum Begegnungsraum werden kann. Wie eine Bühne, auf die etwas eintreten kann. Wenn eine übersinnliche Struktur oder ein Wesen auf dieses Bewusstseinsplateau eintritt, sieht man sie aber noch lange nicht. Übersinnlich bleibt erst einmal übersinnlich. Wir müssen diesem Übersinnlichen mit unseren eigenen spezifisch entsprechenden übersinnlichen Qualitäten begegnen. Klingt kompliziert – jemand muss sozusagen auf der Bühne das Licht einschalten!

Dieses «Licht» kommt von den Chakren. Diese haben sich auf dem fortgeschrittenen Übungsweg zu Wahrnehmungsorganen umgebildet (siehe Kapitel 3). Sie drehen sich nun im Uhrzeigersinn. Damit ist verbunden, dass sie eine spezifische übersinnliche Qualität ausstrahlen können. Diese kann ätherisch, astral oder geistig sein, abhängig vom verwendeten Chakra. Das Halschakra wird für das Ätherische, das Herzchakra für das Astrale und Stirn- und Kronenchakra für die geistigen Ebenen (auch devachanische Ebenen genannt) verwendet.

Die Methodik der Imagination

Für das Eintreten der imaginativen übersinnlichen Wahrnehmung – also dem «Sehen» von Wesen und Strukturen muss das Bewusstseinsplateau erst einmal vollständig geleert werden. Am Anfang kann es hilfreich sein, mit einer entschiedenen Geste alle Inhalte des Bewusstseinsplateaus von innen nach außen zu schieben. Denn das «Nichtsdenken» ist erfahrungsgemäß zu Beginn schwer. Man kann sein Bewusstsein eben auch mit dem Gedanken «Nichts» füllen – was wenig hilfreich ist. Später automatisiert sich die Geste des Leerens des Bewusstseinsplateaus.

Dann muss man entscheiden, auf welcher übersinnlichen Ebene man wahrnehmen möchte. Dem sind natürlicherweise erst einmal Grenzen gesetzt. Ein gängiges Missverständnis ist, dass man eben imaginativ wahrnehmen kann oder nicht. Je nach Persönlichkeit, die sich auf den spirituellen Weg gemacht hat, sind auf diesem unterschiedliche Herausforderungen zu meistern, da ganz unterschiedliche persönliche Eigenschaften zu bearbeiten sind. Dieses gelingt auch unterschiedlich gut, so dass sich bei den verschiedenen Menschen zu einem jeweils anderen Zeitpunkt die unterschiedlichen Chakren zu Wahrnehmungsorganen umwandeln. Möglicherweise liegen zwischen der Entwicklung des Herz- und des Halschakras Jahre oder Jahrzehnte! Und so ist es zunächst einmal nötig zu entdecken, welche Fähigkeit zur imaginativen Wahrnehmung welcher Ebene, also mit welchem Chakra zu arbeiten sich denn mittlerweile vielleicht eingestellt hat.

Die Verwendung des jeweiligen Chakras als Wahrnehmungsorgan wird durch einen Willensimpuls durch das jeweilige Chakra nach außen ausgelöst. Es ist am Anfang durchaus zielführend – da man ja nicht sagen kann «nun verwende mal dein Herzchakra als Wahrnehmungsorgan» – zu versuchen, «mit dem Herzen zu schauen», statt mit den Augen. Wenn man mit den Augen auf eine bestimmte Stelle schaut, ist dies auch mit einem Willensimpuls verbunden. Dieselbe Geste ist bei den Chakren wirksam – vorausgesetzt, sie drehen sich im Uhrzeigersinn und funktionieren so als Wahrnehmungsorgan. Diese Geste löst das Ausstrahlen der jeweiligen übersinnlichen Substanz (Äther, Astralität oder Geistigkeit) aus dem jeweiligen Chakra aus.

Wenn nun dadurch eine spezifische übersinnliche Qualität durch eines der Chakren ausgestrahlt wird, kommt es zu einer Berührung der entsprechenden ausgesandten übersinnlichen Qualität mit der der übersinnlichen Struktur. Diese zarte Berührung erscheint im Bewusstsein als Bild, als Imagination. So, als ob man um eine unsichtbare Statue auf einer Bühne ein Bettlaken hüllen würde, wodurch die Gestalt in Erscheinung tritt. Je nach verwendeter ausgesandter übersinnlicher Qualität erscheint eine andere Struktur. Auf diese Art und Weise können (bis dato) bis zu vierzehn verschiedene Ebenen übersinnlich unterschieden werden. Der Vorteil dieses Verfahrens ist, vor der Wahrnehmung selektiv die wahrzunehmende Ebene bestimmen zu können, was eine präzise Analyse einer übersinnlichen Situation ermöglicht. Die Bedeutung der einzelnen übersinnlichen Ebenen ist im Anhang eins erläutert.

Durch Übung ist es möglich, die Intensität des Willensimpulses, der durch das jeweilige Chakra gegeben wird, zu variieren. Dadurch wird die jeweilig ausgesandte übersinnliche Qualität verändert, was zu einer imaginativen Wahrnehmung der vier verschiedenen Ätherarten bei Verwendung des Halschakras, drei verschiedener astraler Ebenen beim Herzchakra, drei Ebenen des unteren Devachan beim Stirnchakra und vier Ebenen des oberen Devachan beim Kronenchakra führt.

Mit der Zeit kann man auch lernen, wie stark man das auf dem geleerten Bewusstseinsplateau vorhandene übersinnliche Objekt abtastet. Hier ist es wichtig, die Erfahrung zu gewinnen, diese Stärke so zu wählen, dass es nur zur zarten Berührung, zur Abtastung der äußeren Grenze der

<table>
<tr><th rowspan="3">Ebene</th><td colspan="4">ätherische Ebene</td><td colspan="3" rowspan="2">astrale Ebene</td><td colspan="7">geistige Ebene</td></tr>
<tr><td colspan="4">unteres Devachan</td><td colspan="3">unteres Devachan</td><td colspan="4">oberes Devachan</td></tr>
<tr><td>Wärme-äther</td><td>Licht-äther</td><td>Klang-äther</td><td>Lebens-äther</td><td>As 1</td><td>As 2</td><td>As 3</td><td>G1</td><td>G2</td><td>G3</td><td>G4</td><td>G5</td><td>G6</td><td>G7</td></tr>
<tr><th>Chakra</th><td colspan="4">Halschakra</td><td colspan="3">Herzchakra</td><td colspan="3">Stirnchakra</td><td colspan="4">Kronenchakra</td></tr>
</table>

Struktur führt. Ein zu schwacher Willensimpuls führt zu gar keiner Imagination, ein zu starker zur buchstäblichen «Einbildung» eines Artefaktes.

Es ist zugegebenermaßen schwierig zu erklären, was der Unterschied zwischen dem Variieren der Intensität des Willensimpulses und dem Variieren seiner Stärke ausmacht. Diese hier gemeinte Intensität und der Stärke stehen im selben Verhältnis wie Wellenlänge und Amplitude einer elektromagnetischen Welle. Mit anderen Worten: Das Licht einer Taschenlampe kann einerseits heller oder dunkler, andererseits unterschiedliche Farben haben.

In diesem Falle hilft aber Theorie wenig weiter, man möge anfangs einfach zunächst mit dem Hals- oder Herzchakra bezüglich des Willensimpulses experimentieren und beobachten, wie sich die imaginative Wahrnehmung ändert.

Es sei erneut betont, dass die Imagination durch eine Begegnung der gleichen, durch die Chakren ausgesandten und der außen vorhandenen übersinnlichen Qualität entsteht. Lebensäther begegnet Lebensäther, zweite untere devachanische Geistigkeit zweiter unterer devachanischer Geistigkeit oder was jeweils gewählt wurde. Eine solche Begegnung findet im Bewusstseinsplateau, im Mentalleib statt. Dieser befindet sich innerhalb des wahrnehmenden Bewusstseins, aber außerhalb des sichtbaren physischen Körpers. Das heißt, die Imaginationen werden außerhalb des Körpers wahrgenommen. So sieht man den Astralleib der beobachteten Person um diese Person herum und nicht im Bereich des eigenen Kopfes bzw. Ätherleibes.

Die beschriebenen Vorgänge lassen sich in zwei Grundgesten zusammenfassen, die kombiniert zur Imagination führen. Sie werden in der aktuellen Meditationsforschung mit «open awareness» (offenes Gewahrsein) und «focused attention» (fokussierte Aufmerksamkeit) bezeichnet. Zusammengefasst ergeben sich aus den Beschreibungen der Methodik der Imagination folgende wichtige Feststellungen: Das Hervorrufen einer Imagination ist ein aktiver Vorgang. Dem Leeren des Bewusstseinsplateaus folgt ein Ausstrahlen einer spezifisch gewählten übersinnlichen Qualität auf das geleerte Bewusstseinsplateau. Nur auf diese Art und Weise kommt es zur imaginativen Wahrnehmung, ob es dem Wahrnehmer bewusst ist oder nicht. Somit kann es im gesunden Zustand nicht möglich sein, ununterbrochen imaginativ wahrzunehmen. «Muss» eine Person unentwegt Übersinnliches wahrnehmen, liegt eine krankhafte Dysbalance vor. Wer die Stärke auf einem spirituellen Weg entwickelt, übersinnlich wahrzunehmen, hat die Stärke, es jederzeit sein zu lassen.

Nicht wenige Menschen sind längst in der Lage, imaginativ wahrzunehmen, haben es bis dato aber noch nicht gemerkt. Viele Leute warten darauf, dass eines Tages strahlend bunt der Engel vor ihnen erscheint und eine Botschaft bringt. Da kann man lange warten. Eine gute Imagination hat etwa die gleiche Intensität wie eine lebhafte Erinnerung, eine Szene, die innerlich vor einem steht. Diese hat also vielleicht ein Prozent der Intensität der umgebenden physischen Welt. Sehr leicht kann man also an ihr «vorbeischauen» und nicht bemerken, dass sie da war. Und sie ist, was viele auch nicht erwarten, bei dieser Wahrnehmungssituation außerhalb des physischen Körpers (bzw. des Kopfbereiches) des Wahrnehmers und nicht innerhalb zu erleben.

Die Fähigkeit, sein Bewusstseinsplateau vollständig leeren zu können, ist notwendig, damit das Wahrnehmungsobjekt und nicht etwa die eigene übersinnliche Bewusstseinssituation (das in Kapitel 3 erwähnte «Gerümpel unseres Denkens») wahrgenommen wird. Es wird schon möglich sein ohne eine Leerung des Bewusstseins, Strukturen zu erkennen. So wie man in einer Rumpelkammer eine Stehleiter erkennen kann, weil man schließlich eine Stehleiter kennt. Aber eine Forschungssituation ist bei unvollständig geleertem Bewusstseinsplateau undenkbar. Wenn jedoch die Chakren noch nicht zu Wahrnehmungsorganen umgewandelt sind, findet gar keine Imagination statt. Dieses ist ein für den Vorgang essenzielles Kriterium.

Überprüfung von Imaginationen

Es gibt eine Möglichkeit, Imaginationen zu überprüfen. Abgesehen davon, dass es auf jeder Niveaustufe ratsam ist, mit Freunden oder Kollegen gemeinsam wahrzunehmen und so seine Fähigkeiten abzustimmen, kann man auch alleine eine Sicherheit erhalten. Ist man sich unsicher über eine erhaltene Imagination, so möge man sich diese aktiv an einer anderen Stelle «imaginieren», also vorstellen, vielleicht fünf Meter daneben. Hat diese Form an dieser Stelle dieselbe Evidenz wie an der ursprünglichen Stelle, war die erhaltene Imagination vermutlich eine Einbildung. Wenn sich die Form an der Stelle weniger leicht vorstellen lässt, war die Imagination wahrscheinlich echt. Eine Form, die in das Bewusstseinsplateau aktiv gestellt wird, kommt mit der übersinnlichen Realität in Resonanz. Passen die Formen überein, ist die Resonanz und folgend das Evidenzgefühl stark, passen sie nicht, ist sie schwach oder nicht vorhanden, so auch das Evidenzgefühl. Diese Überprüfungsmethodik kann man als Resonanz mit einer von der Person erzeugten übersinnlichen Repräsentanz eines realen übersinnlich vorhandenen Zusammenhanges bezeichnen.

Wahrnehmung im Geistigen

Eine Warnung sei an dieser Stelle ausgesprochen. Mit dem Halschakra und dem Herzchakra zu experimentieren, kann als ungefährlich angesehen werden. Mit den höheren Chakren ist das nicht unbedingt so. Eine zu frühe Verwendung des Kronenchakras kann schädlich sein. Man muss zunächst lernen, den geistigen Kräften, die auf diesen Ebenen herrschen, eine eigene geistige Kraft entgegensetzen zu können. Sonst verhebt man sich buchstäblich. Die Kräfte könnten in das ungeschützte Wesensgliedergefüge einstürzen, was je nach Konstitution Dislokationsphänomene (man klappt wie aus dem Körper heraus), anhaltenden Schwindel oder Störungen des Kurzzeitgedächtnisses zur Folge haben können. Die Fähigkeit, sein Kronenchakra ungefährdet handhaben zu können, kann Jahre dauern.

Hier sei auf einen typischen Fehler auf dem Erkenntnisweg (siehe vorhergehendes Kapitel) verwiesen. Viele Menschen üben vor allem das, was ihnen leichtfällt. Das was schwerfällt, fällt eben schwer. Eine goldene Regel ist, so banal es auch ist, man sollte das üben, was eben nicht so leicht ist. Sollte es schwerfallen, das Kronenchakra zu verwenden, umso besser. Man möge es langsam angehen. Sollte es leichtfallen – Vorsicht! Hier gibt es schnell ein «zu weit» oder «zu hoch». Je höher man geht, desto tiefer muss man sich verankern. Wer die Engel sehen möchte, muss auch den Garten umgraben können. Schnell wird man wie ein Apfelbaum, der reiche Früchte trägt, dessen Wurzeln aber schlecht ausgebildet sind. Der fällt irgendwann um.

Die Methodik der Inspiration

Inspiration ist ein dialogischer Kontakt mit Wesenheiten. Im zweiten Kapitel wurde zunächst die «Fernfühlung» beschrieben, eine Methode, mit der man über eine Distanz Erkenntnis über eine Astralität, eine Gestimmtheit erhalten kann. Hier wurden Elementale ausgesandt, die am Zielort in Resonanz mit dem Wahrnehmungsobjekt kamen und anschließend wieder zum Wahrnehmer zurückkehrten. Dort kam es dann erneut zur Resonanz mit dem Astralleib des Wahrnehmers und dessen Gestimmtheit ändert sich spezifisch. Dies ist ein diskontinuierlicher Vorgang, der als Ergebnis ein Gefühl erzeugt. Es gibt eine Hin- und eine Rückbewegung.

Bei der Inspiration, dem dialogischen Kontakt mit Wesenheiten, ist das anders. Hier muss eine kontinuierliche Verbindung aufgebaut werden können, ein «Inspirationsraum». Dessen Substanz ist geistig, dem unteren Devachan angehörend, eine Mentalsubstanz und somit prinzipiell mit unserem Bewusstseinsplateau vergleichbar. Er ist im Gegensatz zum Bewusstseinsplateau fokussiert in Richtung des angesprochenen Wesens, es bildet sich eine Art «Inspirationskanal». Bei Wesen, die nicht direkt in der Umgebung des Wahrnehmers präsent sind, bildet sich dieser Inspirationsraum nach oben. Hier ist das Kronenchakra involviert, welches sich zum Wahrnehmungsorgan umgebildet hat, sich also im Uhrzeigersinn drehen muss. Auch hier sind die gleichen

Fähigkeiten hilfreich, wie zur Einleitung der Imagination, nämlich einen vollständig geleerten Raum zu erzeugen. Dann wird die Antwort der Wesen besser verstanden.

Man muss bei der Erklärung der Inspiration unterscheiden, mit welchen Wesenheiten kommuniziert werden soll. Die Inspiration mit geistigen Wesen (Engeln, Verstorbenen) ist ein Austausch von Wesen, die Gedanken konstituieren (Gedankenelementale, siehe Kapitel 2). Diese Gedankenwesen haben eine Form und einen Inhalt. Man kann Gedankenwesen imaginativ sehen, dann hat man noch nichts über ihren Inhalt erfahren. Wenn man imaginativ jemandem beim Denken beobachtet, erscheinen Sphären ausgeprägter Form und Farbe um dessen Kopfbereich. Inspiratives Wahrnehmen ist, den Inhalt dieser Gedankenwesen wahrzunehmen. Es ist wie ein geistiges «Hören». Man kann auch sagen, das Ergebnis der Inspiration ist ein Denken in einem selbst, doch ist man es nicht selbst, der denkt. Bestimmte esoterische Strömungen nennen das «Telepathie».

Der Vorgang der Inspiration mit Wesen, die selbst keine Geistigkeit besitzen (Elementarwesen, s. Kap. 8), läuft anders ab. Er ist im Kapitel über Elementarwesen beschrieben.

Günstig ist, die Inspiration mit der Imagination verbinden zu können. Dann weiß man nämlich sicherer, mit wem man «spricht». Einfach ins Blaue hinein zu fragen, wird sicher zu einer Antwort führen, ob aber ein Wesen notwendigerweise eine Antwort aus einer positiven Intention heraus gibt, ist mehr als fraglich. Erfahrungsgemäß kann man sich überhaupt nicht darauf verlassen, dass immer die positiven Kräfte antworten. Hier sind schon furchtbare Missverständnisse vorgekommen. Der beste Weg zu einem sicheren Kontakt mit einem bestimmten Wesen ist, genau dieses zu meinen und es so mit diesem Namen anzusprechen. In der geistigen Welt sind Begriffe die einzigen Wegweiser. Diese sind für die Wesen deren Namen. Namen, also der Begriff des Wesens, haben in der geistigen Welt eine außerordentliche Verbindlichkeit. Mephisto weicht Faustens Frage nach seinem Namen aus. Rumpelstilzchen ist froh, dass man nicht weiß, wie es heißt. Eine Frage, die zu einer Sicherheit über die Gesinnung des betreffenden Wesens führen kann und die man es inspirativ fragen kann ist die, ob es «im Strome Christi stehe». Auf diese Frage gibt es in der geistigen Welt keine Lüge. Zumindest keine, derer man nicht unmittelbar gewahr würde.

* * *

Wie am Ende des letzten Kapitels beschrieben, konnte ich als Student schon das Ätherische imaginativ wahrnehmen, mein Halschakra war also offensichtlich schon zum Wahrnehmungsorgan umgewandelt. Erst nach zwölf Jahren Übens hatte sich dann auch das Herzchakra gewandelt, so dass ich das Astrale um meine Kollegen herum übersinnlich wahrnehmen konnte. Die Umwandlung von Stirn- und Kronenchakra hat dann noch weitere Jahre gedauert.

In meiner Lehrerzeit habe ich eine kleine Untersuchung mit meinen Schülern durchgeführt. Ich habe die Klassen gebeten, sich auf dem Lehrerpult einen Blumenstrauß vorzustellen. Anschließend habe ich die Schüler gefragt, ob sich für sie der Blumenstrauß denn nun auf dem Pult oder im eigenen Kopf befände. Unter den 150 Schülern ließ sich ein Ergebnis von etwa 50 zu 50 feststellen. Diejenigen, bei denen sich der Blumenstrauß (in der Vorstellung) wirklich auf dem Lehrerpult befand, würden es mit der imaginativen übersinnlichen Wahrnehmung leichter haben. Sie waren nämlich in der Lage, auch

über eine bestimmte Distanz in ihrem Bewusstseinsplateau aktiv zu sein, was beim Vorgang der Imagination erforderlich ist.
Über die Theorie der übersinnlichen Wahrnehmung etwas zu wissen, ist wichtig. Es ist aber letztendlich ein praktisches Thema. Und da wird es dann wieder genauso kompliziert. Als ich anfing, imaginativ zu sehen, wurde die Welt nicht unkomplizierter. Auf einmal nahm ich Strukturen um die Menschen herum wahr, in Kirchen, im Wald, überall. Nun sind diese Wahrnehmungen nicht beschriftet. Da hat kein Wesen ein Schild umhängen, auf dem «Elementarwesen» oder «ich bin ein Verstorbener» steht. Dann fängt die Arbeit erst an. Imagination heißt nicht automatisch, diese auch zu verstehen. Es war auch so, dass sich erst eine ganze Zeit nach dem Ausbilden meiner Fähigkeit zur Imagination die der Inspiration oder der Intuition (immer noch mein tägliches Übungsfeld) ausbildeten. Wenn man mit Wesen in einen dialogischen Kontakt treten kann, ergeben sich ganz andere Verständnismöglichkeiten. Bis dahin ist man darauf angewiesen – und das ist auch gut so und das möge man auch weiter beibehalten – sich mit Kollegen auszutauschen. Einst haben mir Kollegen Elementarwesen oder Verstorbene gezeigt. «Das dort ist ein Verstorbener!» Da ging mir jeweils ein Licht auf. Erst dann konnte ich den Erscheinungen einen Begriff zuordnen. Das machte es mir erst möglich, diese Strukturen – die so von Strukturen zu Wesen wurden – zu identifizieren und wiederzuerkennen. Man kann nur erkennen, wovon man einen Begriff oder Namen hat. Dies gilt auf jeder übersinnlichen Ebene, vom Ätherischen bis ins höchste Geistige. Die ätherische und astrale Welt ist übervoll, hier muss man durch Begriffe oder Namen unterscheiden lernen. Die geistige Welt dagegen erscheint leer, hier kann man überhaupt erst zu einer Wesensbegegnung kommen, wenn man einen Begriff oder Namen für Wesenheiten hat. Wenn man nicht weiß, dass es beispielsweise einen Erzengel Michael, ein Kupferwesen oder ein Mistelwesen gibt, wird man es in der geistigen Welt auch nicht finden können.

Kapitel 5
Übersinnliche Wahrnehmung als dialogisches Prinzip

> Bittet, so wird euch gegeben; suchet, so werdet ihr finden; klopfet an, so wird euch aufgetan. Denn wer da bittet, empfängt, und wer da sucht, findet; und wer da anklopft, denen wird aufgetan.
>
> *Lukas 11,9-10*

Im vorhergehenden Kapitel habe ich die übersinnliche Wahrnehmung recht mechanistisch dargestellt. Dieses ist mir wichtig, um zu zeigen, dass es Grundbedingungen für eine übersinnliche Wahrnehmung gibt, die zunächst einmal erfüllt sein müssen. Das mag schon kompliziert genug sein, es ist aber noch komplizierter. Oder eigentlich ist es einfacher, denn die geistige Welt unterstützt uns in unserem Ansinnen.

Was bestimmt denn eigentlich den Inhalt meiner Wahrnehmung? Dem vorhergehenden Kapitel zufolge wird dasjenige imaginativ wahrgenommen, was sich im geleerten Bewusstseinsplateau befindet und dem ich auf der passenden übersinnlichen Ebene begegne. Es ist aber eben doch nicht so wie ein Fernglas, was einfach jenes darstellt, was sich in der Richtung befindet, in die man selbiges hält.

Es gab eine Situation, die mein gesamtes Forscherleben einschneidend veränderte. Das war so, dass ich einmal für ein Unternehmen untersuchen sollte, welcher Effekt beim Behandeln von keimenden Kressesamen mit einem bestimmten Pflanzenextrakt auftritt. Ich saß also vor der experimentellen Anordnung und wollte mit der übersinnlichen Wahrneh-

mung beginnen. Nun weiß ich natürlich, was ich tun muss, um den Wärmeäther imaginativ wahrzunehmen, mit dem ich üblicherweise anfange. So dachte ich zumindest. Ich leerte mein Bewusstseinsplateau und stutzte: Was würde ich denn überhaupt wahrnehmen? Den Wärmeäther der Kresse? Den des Gießwassers? Der Pflanzschälchen? Des Pflanzenextraktes? Oder eine Mischung aus allem? Da wurde mir klar, dass dies von meiner inneren Fragehaltung bestimmt ist. Ich stellte innerlich die Situation zur Verfügung, Wärmeätherisches wahrnehmen zu können. Doch muss ich gegenüber der geistigen Welt eine konkrete Frage und ein Anliegen haben. Wenn ich den Wärmeäther der Kresse sehen wollte, konnte ich ihn – bei geleertem Bewusstseinsplateau und bei Einstrahlung von Wärmeäther durch mein Halschakra – entsprechend imaginativ wahrnehmen. Änderte ich bei gleicher Einstellung nur die Frage – «nun möchte ich das Wärmeätherische des Pflanzenextraktes sehen» – änderte sich auch schlagartig die Imagination vor meinem inneren Auge. Ich erbleichte. Mir wurde unmittelbar deutlich, dass ich nicht in vollem Maße Prozesseigner bin. Ich habe mich jahrelang geschult, so dass ich in der Lage bin, ein gutes Werkzeug zur Wahrnehmung anzubieten – der Inhalt kommt aber von der anderen Seite, von der geistigen Welt.

Vorher war die übersinnliche Wahrnehmung für mich eine rein technische Angelegenheit. So habe ich auch früher durchaus Kollegen mit meiner ausgeprägten Nüchternheit bei diesem Thema verprellt. Seit diesem Erlebnis bin ich viel demütiger geworden.

* * *

Die Bedeutung dieses Zusammenhanges kann man nicht hoch genug einschätzen. Man kann keine übersinnliche

Wahrnehmung erzwingen. Sie wird gegeben. Man kann sich nur bemühen, eine würdige Atmosphäre von Demut und Dankbarkeit zu schaffen.

Das bedeutet auch, dass man sich mit der übersinnlichen Wahrnehmung immer in einer Beziehungssituation befindet, sie ist prinzipiell dialogisch. Die Antwort der geistigen Welt passt zu den individuellen Fähigkeiten und zur individuellen Persönlichkeit des Forschers. Dies bedeutet wiederum, dass der Inhalt der Wahrnehmung für unterschiedliche Forscherpersönlichkeiten nicht identisch sein muss. Sie wird dem Forscher dergestalt gegeben, dass er sie im besten Falle begreifen und vermitteln kann. Die Ergebnisse von verschiedenen Forscherpersönlichkeiten sollten lediglich zusammenklingen, Puzzlesteine sein, die passen und zusammen ein Bild ergeben. So wie man in einem Labor völlig unterschiedliche Analysenverfahren wie Flüssigkeitschromatographie und Massenspektrometrie einsetzen kann. Und wenn man die gleiche Substanz in die Geräte gegeben hat, sind die Ergebnisse der Natur dieser Analysengeräte nach völlig unterschiedlich, sagen aber beide völlig Richtiges über die Substanz aus.

Sind sich die Ergebnisse der übersinnlichen Wahrnehmung auch noch sehr ähnlich – umso besser!

Entscheidend für das Vorliegen von aussagekräftigen Untersuchungsergebnissen ist die Voraussetzung, dass dieses dialogische Prinzip eintreten konnte. Der Forscher ist bezüglich seiner Ergebnisse aber völlig abhängig von einer Antwort aus der geistigen Welt. Auf diese Antwort hat er – an seine methodische Ausrichtung auf den Forschungszusammenhang anschließend – lediglich durch seine Haltung und seine Fragestellung Einfluss.

Seine auf dem eigenen Erkenntnisweg erreichten seelisch-geistigen Fähigkeiten sind zum Erhalten einer übersinnlichen Wahrnehmung notwendig, aber nicht hinreichend.

Die Verlässlichkeit der Wahrnehmung ergibt sich für den Forscher aus den Erfahrungen seiner Forschungstätigkeit, sie kann nicht als bei jedem Wahrnehmungsvorgang notwendigerweise gegeben vorausgesetzt werden. Eine von Demut, Offenheit, Klarheit und Dankbarkeit getragene Haltung aller am Forschungsvorhaben Beteiligten erweist sich immer wieder als zielführend.

Verblindung von Proben

In Zusammenhängen der übersinnlichen Forschung wird nach wie vor diskutiert, ob man Proben zur Untersuchung verblinden kann. Das bedeutet konkret, dass man als Untersucher nicht weiß, ob es sich bei der Probe z.B. um den maschinenzerkleinerten oder den handzerkleinerten Pflanzenextrakt handelt, weil auf den Probenfläschchen stattdessen FX322 oder Ähnliches geschrieben steht. Aus welcher Motivation diese Verblindung erfolgt, sei dahingestellt. Oftmals steht entweder ein gewisses Misstrauen gegenüber dem Wahrnehmer oder der übersinnlichen Wahrnehmung an sich dahinter, oder aber die übersinnliche Wahrnehmung wird als rein mechanisches Verfahren gesehen. Aber das ist sie eben nicht. Die geistige Welt muss mitmachen wollen! Verblindung führt jedenfalls dazu, dass der Untersucher kein reines Anliegen gegenüber der geistigen Welt haben kann. Alle Bedingungen, die dazu führen, dass keine präzise Frage gestellt werden kann und bei der die Gegebenheit vorliegt, dass die Forscherpersönlichkeit dazu gezwungen ist davon auszugehen, dass von der geistigen Welt eine korrekte und passende Antwort kommen möge, führen erfahrungsgemäß immer wieder zu unklaren, missverständlichen oder wie vertauschten Wahrnehmungsergebnissen.

Wenn man nicht weiß, welche Probe vor einem steht, kann die Hoffnung eigentlich nur die sein, dass einem die geistige Welt an dieser Stelle schon die richtige Imagination zur Verfügung stellen möge. Ob aber die geistige Welt bei Pfiff durch den Reifen springt wie der Tiger im Zirkus, ist eine ziemlich offene Frage. Warum eigentlich nicht? Doch sicher sein kann man sich darüber nicht. Somit stellt sich der Auftraggeber mit der Verblindung selbst ein Bein. Er erhält Ergebnisse, auf die er sich nicht verlassen kann.

Fragen und Begriffe in der geistigen Welt

Je klarer das Ansinnen an die geistige Welt und die Wesen ist, desto klarer kann auch die Antwort sein. Dies gilt auch für die Inspiration. Man sollte nicht glauben, dass wenn man über die Fähigkeit zur Inspiration verfügt, die Wesen anfangen, Bände zu sprechen und man nur noch mitstenographieren müsse. Die geistige Welt ist erst einmal neutral gegenüber dem Wahrnehmer. Man begegnet sich auf gleichem Niveau. Oder anders ausgedrückt, die geistige Welt stellt sich auf das Niveau des inspirativ Fragenden ein. Eine inspirative Antwort ist niemals intelligenter als die zugehörige Frage. Da lässt einem die geistige Welt alle Lernmöglichkeiten offen, seine Fragen zu schärfen und so das Untersuchungsobjekt genauer verstehen zu können.

In diesem Punkt zeigt sich deutlich der Unterschied zwischen der klassischen übersinnlichen Wahrnehmung (Imagination, Inspiration und Intuition) und der «Wahrnehmung von Übersinnlichem», mit unseren eigenen – zunächst ungeschulten – übersinnlichen Mitteln durch Resonanz (siehe Kapitel 2). Letztere funktioniert immer. Hier macht die übersinnliche Welt sozusagen einen Eindruck auf uns, es wird uns nichts zu uns Passendes zur Verfügung gestellt. Probenuntersuchungen auf solcher Grundlage könnte man auch verblindet durchführen. Wenn man sich in eine Heftzwecke setzt, tut es weh, ob man die Augen verbunden hat oder nicht.

Selbstverständlich reagieren die Menschen mit ihrer völlig verschiedenen Konstitution ganz unterschiedlich auf das, was die Probe übersinnlich ausmacht, und kommen zu verschiedenen Eindrücken. Die Unterschiedlichkeit liegt aber in der Konstitution der Menschen begründet und nicht in einer individuellen Antwort aus der geistigen Welt, wie es bei der übersinnlichen Wahrnehmung erfolgt.

Eine besondere Situation ist das Forschen in der freien geistigen Welt. Es wird im Kapitel sieben (Hüter der Schwelle) beschrieben, dass es möglich ist, im fortgeschrittenen Forscherstatus den physischen Körper mit seinen geistigen Wesensgliedern zu verlassen und als Geistwesen unter Geistwesen wahrzunehmen. Die geistige Welt wird dann als völlig «leer» erlebt, solange man nicht durch Begriffe einen Zugang zu den Wesenheiten findet. Es gibt aber in der rein geistigen Welt keine Zeit und keinen Raum – und somit auch keine Form. Die Form entsteht erst, wenn sich die geistige Welt auf die physische Erde bezieht, wenn sie vom – wie Rudolf Steiner mit den alten Sanskrit-Wörtern beschreibt – «arupa» (formloser Zustand) zum «rupa» (Formenzustand) wird. Eine Imagination von formlosen Wesen in der freien geistigen Welt wird aber tatsächlich formenhaft, mit bestimmter Gestalt erlebt. Diese Imagination wird von der geistigen Welt dem Wahrnehmer zu dessen Verständnis zur Verfügung gestellt. Sie ist lediglich oder immerhin eine Verständnishilfe. Ein Engel jenseits einer bestimmten Hierarchiestufe sieht nicht irgendwie aus; so wie Gott nicht mit weißem Bart auf einem Thron sitzt. Geistige Wesen können zur Erscheinung in Formgestalt kommen, wenn sie es wollen und eine zur übersinnlichen Wahrnehmung befähigte Person mit einem angemessenen Anliegen vorhanden ist.

* * *

Eine Kollegin bat mich einmal, ich möge ihren Astralleib anschauen. Ich leerte mein Bewusstseinsplateau und sandte durch mein Herzchakra die Astralität aus, die ich normalerweise dazu verwende und sah – nichts! Als ob sie gar keinen Astralleib hätte! Mir war schon klar, dass das eigentlich gar nicht möglich ist. So fragte ich inspirativ ihren Schutzengel, ob ich das denn eigentlich dürfe und die Antwort war ein donnerndes «Nein!» Das lehrte mich, dass eine übersinnliche Wahrnehmung immer in einem höheren Kontext steht. Seitdem frage ich immer um Erlaubnis und schaue auch nicht übersinnlich auf Menschen, die mich nicht ausdrücklich darum gebeten haben. Eine Ausnahme ist, wenn ich in einem anthroposophischen Kontext in einer therapeutischen Situation mit Menschen zu Rate gezogen werde, die keine Einwilligung geben können und bei der es auf die Ausprägung der Wesensglieder ankommt. Hier mache ich die Erfahrung, dass dieses Ansinnen von der geistigen Welt immer unterstützt wurde.

Im Forschungszusammenhang konnte ich einmal die Notwendigkeit der geeigneten Frage besonders eklatant erleben. Ein Bierbrauer wollte etwas wissen über die Qualität der Brauhefe während des Bierbrauprozesses. Nun kann ich natürlich für diese Untersuchung keine Hefeprobe, sondern nur eine Bierprobe aus den großen Brautanks nehmen. Wenn dann ein halber Liter Bier vor einem steht, bleibt einem gar nichts anderes übrig, als selektiv imaginativ wahrzunehmen. So schaute ich mir auf den vierzehn übersinnlichen Ebenen, vom Ätherischen bis zum Geistigen, die Qualität der Hefe an. Diese innere Frage nach der Qualität der Hefe ließ ich bei der imaginativen Beobachtung auf jeder Ebene innerlich wie mitschwingen. Die innere geistig-seelische Einstellung zum Erlangen der Imagination (siehe Kapitel 3) ist allgemein, die Frage nach der Hefe speziell. Ich hätte auch nach der Qualität des Zuckers, der Kohlensäure oder des Hopfens fragen können, doch waren das nicht die Forschungsthemen.

Mir wurde einmal eine verblindete Probe zur Untersuchung gegeben, die ich nicht ablehnen konnte. Es handelte sich um zwei gleiche kleine Fläschchen, von denen eines mit «A» und das andere mit «B» gekennzeichnet war. Eines von diesen enthielt Michaelitau, also Tau, der am Morgen des Michaelitages gesammelt wurde und dann mit Leitungswasser verdünnt wurde. Die andere Flasche enthielt nur Leitungswasser, wie es auch zur Verdünnung des Michaelitaus eingesetzt wurde. Welche Flasche was enthielt, wusste ich nicht. Die übersinnliche imaginative Beobachtung auf allen Ebenen zeigte eklatante Unterschiede. Die Ausprägungen der Imaginationen auf allen Ebenen der einen Probe waren groß, stark dynamisch, farblich stark ausgeprägt, die der anderen auf den entsprechenden Ebenen viel kleiner und unscheinbarer. Somit erschien klar, welche der beiden Fläschchen die Michaelitauverdünnung enthielt. Das Dumme war nur, es erwies sich als genau umgekehrt. Macht Michaelitau das Wasser schlechter? Unwahrscheinlich. Wurden die Proben verwechselt? Auch unwahrscheinlich, der Auftraggeber ist ein sehr sorgfältiger Mann. Die Ergebnisse erschienen wie vertauscht. Kollegen berichten, dass ein solcher Befund bei verblindeten Proben häufig vorliegt. Für die Erfahrung, einmal verblindete Proben untersuchen zu müssen, bin ich heute noch dankbar.

Kapitel 6
Meditation als Erkenntnismittel

> Ruhe ist nirgends im All außer im lichten
> Bewusstsein des Menschen.
> Stille des Sinns – gewaltige Sonderheit in
> einem Raum voll Akt und Raserei
>
> *Botho Strauß*

Meditation bedeutet grundsätzlich, einen selbstgewählten Inhalt in seinem Bewusstsein zu halten. Wenn es dabei bleibt, dann ist es eine Übung zur Stärkung der Konzentration und Denkkraft. Das ist gut für alles, letztlich aber eben auch, um mit der Zeit das Bewusstseinsplateau als grundlegende Voraussetzung zur Imagination vollständig leeren zu können.

Es gibt aber auch ein völlig anderes Verständnis der Meditation. Sie kann ein sehr mächtiges Erkenntnismittel werden. Dann meditiert man nicht etwas («Meditation von etwas», siehe Kapitel 1), sondern über etwas.

Unser Bewusstsein ist Begegnungsraum zwischen dem Übersinnlichen in uns und dem Übersinnlichen außerhalb von uns. Ein reines, geleertes Bewusstseinstableau ist der Raum, in dem die Imagination und die Inspiration stattfinden können (siehe Kapitel 4). Dafür müssen die Chakren im Laufe eines persönlichen Weges der Selbsterkenntnis zu Wahrnehmungsorganen umgewandelt worden sein. Bei der Meditation ist dieser zur Imagination essenzielle Schritt nicht notwendig. Man geht von einem Zusammenhang aus, über den man etwas Übersinnliches erfahren möchte. (Beispielsweise ein Mantra oder eine simple Frage, welches homöopathische Medikament denn für das kranke Kind benötigt würde.) Diesen stellt man in sein geleertes Bewusstseinsplateau und erlebt im besten Falle eine Antwort aus der geistigen Welt. Das kann im Prinzip jeder. Nur ist die Antwort mehr oder weniger präzise und klar.

* * *

Zu einer Antwort gehört eine Frage. Diese ist bei der Meditation das Bindeglied zwischen dem gewählten Inhalt und seinem übersinnlichen Kontext. Essenzielle Voraussetzung einer als Erkenntnismittel zielführenden Meditation ist ein so gut wie möglich geleertes Bewusstseinsplateau, sie ist also nicht voraussetzungslos. In diesen Bewusstseinsraum stellt man etwas hinein, sprich, man denkt dieses und eben nur dieses. Dieses Etwas kann letztlich alles sein. Eine lebende Person, eine verstorbene Person, eine Person der Zeitgeschichte, ein sozialer Zusammenhang, ein Ort, ein medizinischer Zusammenhang, ein Mantra, ein Wesen, eine Wesensgruppe, eine Substanz, ein Begriff. Im Prinzip sind der Wahl des Inhaltes keine Grenzen gesetzt. Wobei – das sei gleich vorangestellt – man natürlich die Verantwortung für ein solches Ansinnen tragen können muss.

Die Frage, die wiederum die innere Haltung der Hinwendung an die geistige Welt in sich tragen muss, präzisiert die Art der erbetenen Antwort aus dieser. Welche Wesen hier beteiligt sind, ist im nächsten Kapitel, «Hüter der Schwelle», erläutert.

Das Besondere an der Meditation als Erkenntnismittel ist, dass keine Umwandlung der Chakren auf dem spirituellen Weg erfolgt sein muss. Es gilt aber ebenfalls – wie es sich auch schon bei Imagination und Inspiration verhielt

– dass eine Antwort der geistigen Welt nicht erzwungen werden kann – sie wird gegeben! Das bedeutet, dass eine Antwort der geistigen Welt bezüglich des Ansinnens immer zu den Fähigkeiten des Meditierenden passt – auch zu den moralischen. So ist das Ergebnis einer Meditation über den gleichen Sachverhalt verschiedener Personen eklatant unterschiedlich – aber zueinander passend – sofern ein Meditationsergebnis nicht nur eingebildet ist. Es kann eher imaginativ als inneres Bild, inspirativ als inneres Hören oder intuitiv als plötzliches Wissen auftreten. Die Betonung liegt auf innerlich. Hier wird nicht ein in «Sichtweite» außerhalb vom Wahrnehmer befindliches Objekt mit von den zu Wahrnehmungsorganen umgewandelten Chakren ausgesandter übersinnlicher Substanz abgetastet (siehe Kapitel 4). Dieser Vorgang führt zum Erscheinen einer Imagination außerhalb von uns als physischer Person. Bei der Meditation ist das erscheinende Bild innerlich. Es wird dieselbe geistige und seelische Kraft verwendet, die auch bei innerer Vorstellung oder Erinnerung verwendet wird. Somit wird deutlich, dass die Meditation als Erkenntnismittel prinzipiell jedem offensteht – zudem eine Antwort passend zum Fragenden gegeben wird. Doch ist ein erhebliches Maß an Erfahrung notwendig, das Ergebnis einer Meditation überhaupt als solches – nämlich als übersinnliche Wahrnehmung und nicht als Einbildung – zu erkennen. Sie ist ein mächtiges und höchst subtiles Erkenntnismittel. Es ist durchaus hilfreich, diesen gepflegten inneren Raum, das geleerte Bewusstseinsplateau, mit einer gewissen Ehrfurcht, Demut und Dankbarkeit den geistigen Wesen als Begegnungsraum zur Verfügung zu stellen.

Man sollte sich deutlich machen, dass man für das Wissen, was man durch die Meditation erhält, auch eine

Verantwortung trägt. In der Meditation einfach nur zu erfragen, was einem beliebt, wäre, die geistige Welt herauszufordern. Man gäbe die Verantwortung an diese ab. Eine Antwort wird passend zum Wahrnehmer gegeben, aber es ist ratsam, sich nicht zurückzulehnen und sich zu sagen, «wenn ich es nicht wissen darf, wird es mir die geistige Welt schon nicht mitteilen».

Man sollte sich immer verdeutlichen, dass es um eine Beziehung des Menschen zur geistigen Welt geht – und umgekehrt. Die Wesen der geistigen Welt haben die höchsten Erwartungen an den Menschen und an seine Entwicklung. Wir können uns darauf verlassen, in der Entwicklung unterstützt zu werden, sich bewusst und verantwortungsvoll mit der geistigen Welt zu verbinden.

In der Verkündigung Mariens, gemalt von Fra Filippo Lippi, verneigen sich Maria und der Engel in gleicher Weise voreinander, wissend von der Bedeutung der Aufgaben des jeweils anderen.

* * *

Diese Methode der Meditation ist günstig für die Untersuchung von Zusammenhängen, auf die man im Physischen nicht so leicht

Zugriff hat. Ein passendes Beispiel dafür ist die Krebsforschung. Ohne einen mit Krebs erkrankten Menschen vor sich zu haben, war es uns in einem Forschungszusammenhang möglich, die übersinnlichen Vorgänge an einem Tumor zu studieren, indem wir sie meditierten! «Tumor» war das Objekt im geleerten Bewusstseinstableau. Die Fragen waren, was im Ätherischen, im Astralen oder im Geistigen am, im oder um den Tumor vorgeht, verbunden mit der inneren Bitte um eine Beantwortung dieser Fragen. Die Antworten waren klare, innere Bilder. Als ich später die Möglichkeit hatte, Krebsoperationen als Zuschauer zu erleben, konnte ich Tumore unmittelbar in direkter imaginativer Anschauung beobachten. Meine meditativ erhaltenen Untersuchungsergebnisse konnte ich dort voll bestätigt finden.

Zusätzlich zu allen anderen Methoden bietet die meditative Erkenntnis auch die Möglichkeit, verschiedene Optionen zu untersuchen, die sich vielleicht nie im Einzelnen in Realität beobachten ließen, beispielsweise, was unter dem Einfluss dieses oder jenes Medikamentes am Tumor passieren würde und welches somit am geeignetsten wäre.

Ein völlig anderes Beispiel ist, auf diese Art und Weise Geschichtsforschung zu betreiben. Nehmen Sie doch irgendeine Person der Zeitgeschichte – beispielsweise einen der vielen Päpste des Mittelalters – stellen Sie diesen Namen in das geleerte Bewusstseinsplateau und finden Sie auf diese Art etwas über diese Persönlichkeit heraus. Sie werden – selbst als Anfänger auf diesem Gebiet – über die völlig unterschiedlichen Eindrücke überrascht sein, die Sie bei den unterschiedlichen Persönlichkeiten unmittelbar erlangen. Das kann man vertiefen und differenzieren und so die verschiedensten Charakterköpfe dieser Ära erleben.

Kapitel 7
Hüter der Schwelle

Auf, auf, der Bräutgam kömmt!
Man geht nicht mit ihm ein wo
man des Augenblicks nicht kann
bereitet sein.

Angelus Silesius

Ich habe das Buch mit der Warnung begonnen, ja nicht übersinnlich Wahrnehmen lernen zu wollen, denn es gäbe sowieso keine Sicherheit auf Erfolg. Stattdessen habe ich empfohlen, einen Weg der Selbsterkenntnis zu gehen, der einem überhaupt erst die Entwicklung zur übersinnlichen Wahrnehmung ermöglichen könnte. In einem Kapitel stelle ich die Methodik der übersinnlichen Wahrnehmung dar, um dann in anderen Kapiteln gleich zu beschreiben, dass man es bezüglich des Inhaltes der Wahrnehmung aber sowieso nicht in der Hand hätte. Die übersinnliche Wahrnehmung sei ein dialogisches Prinzip – immer. Es gibt ein Ansinnen, eine Bitte oder eine Frage und eine Antwort, die zum Fragenden passt.

Aber wer antwortet eigentlich? Wer kennt mich so genau, dass er weiß, welches die Antwort ist, die ich wissen darf und die mich nicht überfordert?

Kleine Kinder nimmt man an die Hand, um sie über die Straße zu geleiten. Unsichtbar und unentwegt wird auch uns Erwachsenen eingeflüstert und im Falle der übersinnlichen Wahrnehmung die Inhalte in den Schoß gelegt, wie man einem Kind ein passendes Spielzeug gibt und nicht Messer, Gabel, Schere, Licht ... Die Wesen, die das für uns tun, heißen «Engel». Aus dem Zustand des Geleitetseins kommt man nicht heraus – zumindest nicht bis zu einem ganz bestimmten, einschneidenden Punkt.

Irgendwann ist damit nämlich Schluss. Irgendwann muss man selbst die Verantwortung übernehmen. Ob man das tatsächlich gelernt hat, wird auf der anderen Seite entschieden.

Das klingt banal. Ist es aber überhaupt nicht. Ist man wirklich in der Lage, die Folgen seines Handelns im Übersinnlichen zu beurteilen? Ist man wirklich in der Lage, Herr im eigenen Hause seines Denkens, Fühlens und seiner Taten zu sein? Dazu muss man manche Prüfung bestehen. Das Leben eines spirituellen Forschers wird üblicherweise nicht einfacher, es wird immer herausfordernder.

* * *

Die Inhalte der übersinnlichen Wahrnehmung und der Meditation sind in der geistigen Welt vorhanden und auf den Wahrnehmer bezogen. Der eigene Engel muss sie nur «pflücken» wie die Äpfel vom Baum und sie dem Bewusstsein des Wahrnehmers zufügen. Zur Auswahl der für den Wahrnehmer geeigneten Inhalte, befähigt diesen Engel eine andere Gruppe von Engelwesenheiten in der höheren geistigen Welt, die «Kyriotetes» genannt werden. Das sind die Engel der Weisheit. Das ist der normale Vorgang der übersinnlichen Wahrnehmung von der geistigen Seite aus beobachtet. In Kapitel 4 (Methodik übersinnlicher Wahrnehmung) ist der Vorgang übersinnlich aus der Sicht des Menschen beschrieben. Das Zusammenkommen beider Seiten, Mensch und geistige Welt, wird im Kapitel 5 (Übersinnliche Wahrnehmung als dialogisches Prinzip) erläutert.

Wie in Kapitel 3 erläutert ist ein spiritueller Weg immer ein Weg der Begegnung mit sich selbst. Jede Minute des Lebens hält einem den Spiegel vor. Wir müssen uns ständig zwischen «richtig» und «falsch» entscheiden, zwischen Licht und Dunkel, zwischen gut und böse. Diese Situationen sind üblicherweise völlig banal. Muss man um 23 Uhr noch zum Kühlschrank gehen und ein Stück Käse essen? Macht man erst nach zehn korrigierten Klassenarbeiten eine Pause oder schon nach jeder? Immer wenn man solche Entscheidungen meistert, wird man persönlich gestärkt. Grundsätzlich ist dies immer eine Begegnung mit unseren Schattenseiten, unseren unverarbeiteten Persönlichkeitsanteilen, unserem «dunklem Doppelgänger». Dabei muss man keine Sensationen erwarten, es sind allermeistens nicht die großen Schicksalsschläge, in denen man diesen eigenen Schatten begegnet. Diesem «kleinen Hüter der Schwelle» begegnet man unentwegt.

Anders als die täglichen Begegnungen mit dem «kleinen Hüter der Schwelle», kündigt sich die mit der nächsthöheren Instanz, dem «großen Hüter der Schwelle», vorher an. Die Lebenssituationen kulminieren hier in einem kurzen Zeitraum. Auf einmal befindet man sich wie in einem Theaterstück, in dem man selbst die Hauptperson ist. Die Begegnungen werden plötzlich signifikant. Man trifft urplötzlich Menschen, die man sieben Jahre nicht mehr gesehen hat, die man geliebt hat, mit denen man sich zerstritten hat, begegnet Menschen, an die man schon lange nicht mehr gedacht hat und die einem ebenso unerwartet höchst Substanzielles mitteilen. Man findet sich unvermittelt in Situationen, die wie maßgeschneidert sind. Maßgeschneiderte Verführungssituationen – wie eitel, wie abhängig, wie habgierig, genusssüchtig ist man? Die Gesten der Situation sind einem höchstbekannt – wie entscheidet man sich in dieser, man möchte sagen, geradezu «inszenierten» Situation? Hilfreich ist, wenn einem vorher ein Licht aufgeht. Handelt man falsch, fällt es einem unmittelbar wie Schuppen von den Augen. Man weiß plötzlich, dass dies eine Prüfungssituation war. Und man weiß, dass man durchgefallen ist.

Die geistige Welt gibt einem eine Hilfe. Im Anschluss an eine solche misslungene – aber auch an eine bestandene – Prüfung ist der kleine Hüter der Schwelle, der kleine Doppelgänger jederzeit imaginativ im Bewusstseinsplateau zugänglich. Er ist in drei astralen Gestalten wahrnehmbar – eine davon ist das astrale Abbild des Denkens, die andere des Fühlens und die dritte des Wollens. Hier liegt im wahrsten Sinne des Wortes ein vorgehaltener Spiegel vor, denn mit unserer hoffentlich fortschreitenden Persönlichkeitsentwicklung verändern sich diese astralen Gestalten mit. Logischerweise, denn sie sind das konkrete Abbild dieser Eigenschaften. So stellt die geistige Welt eine unbestechliche Kontrollmöglichkeit zur Verfügung.

Eine bestandene Prüfung ermöglicht einem völlig andere Wahrnehmungsmöglichkeiten. Weitere Grundbedingung ist, dass man sich die Fähigkeit erarbeitet hat, das Kronenchakra bis zur Wahrnehmung der höchsten geistigen Ebenen (vierte bis siebte devachanische Ebene) zu verwenden. Der Große Hüter der Schwelle ermöglicht einem nun einen Perspektivwechsel. Alle Imaginationen, die durch die Verwendung der Chakren im geleerten Bewusstseinsplateau gewonnen werden, sind aus der Perspektive des inkarnierten Menschen gewonnen. Das liegt nahe. Nach der bestandenen Prüfung gilt, dass, wenn man die geistige Kraft erlangt hat, den Kräften auf diesen höchsten geistigen Ebenen mit ihnen entsprechender Kraft entgegenzustehen, kann man es wagen, zunächst für kurze Zeit mit seinen geistigen Wesensgliedern aus dem Körper herauszusteigen, um sich als Geistwesen in der geistigen Welt zu bewegen. Das erfordert einigen Mut. Man weiß ja zunächst nicht, ob man nicht vielleicht unmittelbar tot umfällt. Den Erfahrungen nach ist dies nicht der Fall. Dieser Zustand ist weder mit dem Schlaf noch mit dem Tod zu vergleichen. Man nimmt seinen Astralleib nicht mit, dieser verbleibt mit dem Ätherleib im physischen Körper inkarniert. Dieser Zustand ist völlig gefühllos. Es gibt auch keinen Raum und keine Zeit, jeder geistige Zusammenhang kann aufgesucht und beobachtet werden. Diese Welt ist voll und leer zugleich. Es gibt nichts zu beobachten, von dem man nicht einen Begriff oder Namen von Wesenheiten hat. In der geistigen Welt sind Begriffe oder Namen die einzigen Wegweiser. Da man üblicherweise einen guten Begriff von sich selbst hat, findet man auch in seinen Körper zurück.

Bevor man das Beschriebene wagt, gilt aber in besonderem Maße: Erst einmal sollte man üben, völlig Erdenbürger sein zu können» – dann kann man auch üben, Geistwesen unter Geistwesen zu werden. Aber es wird klar sein, wann der Zeitpunkt gekommen ist.

* * *

Joseph Anton Koch 1825, Dante trifft in Begleitung von Vergil in der Wildnis die drei wilden Tiere der astralen Welt

Kapitel 8
Wahrnehmung von Elementarwesen

«Ich kann nicht mir dir spielen», sagte der Fuchs. «Ich bin noch nicht gezähmt!» «Ah, Verzeihung!» sagte der kleine Prinz. Aber nach einiger Überlegung fügte er hinzu: «Was bedeutet das: Zähmen?»
„Zähmen, das ist eine in Vergessenheit geratene Sache», sagte der Fuchs. «Es bedeutet: sich vertraut machen.»
«... wenn du mich zähmst, werden wir einander brauchen. Du wirst für mich einzig sein in der Welt. Ich werde für dich einzig sein in der Welt ...» Der Fuchs verstummte und schaute den Prinzen lange an: «Bitte ... zähme mich!» sagte er.
(...) «Adieu», sagte der Fuchs. «Hier mein Geheimnis. Es ist ganz einfach: man sieht nur mit dem Herzen gut. Das Wesentliche ist für die Augen unsichtbar.»

Antoine de Saint-Exupéry, Der kleine Prinz, Kapitel XXI

Wer soll die ganze Arbeit eigentlich machen?? Sie oder Ich – oder die Physik? Oder etwa die Heinzelmännchen? Das Thema «Elementarwesen» fordert zum radikalen Umdenken auf. Sonst bleibt es völlig unverständlich. Also, Elementarwesen, das sind Feen, Gnome, Elfen, Sylphen, Zwerge, Wassermänner, Nixen, usw. Eben das, was man so aus den Märchen kennt. Insofern wird es verständlicherweise auch für ein Thema aus der Märchenwelt gehalten. Oder für eines aus dem «Herrn der Ringe». Hier darf man auch ruhig umdenken, der «Herr der Ringe» spielt nämlich hauptsächlich in der Sphäre, die ich hier beschreiben will.

In esoterischen Zusammenhängen glaubt man üblicherweise an die Existenz dieser Wesen, doch denken die meisten, diese Wesen würden nur im Wald herumlaufen oder -fliegen. Weit gefehlt.

Die Tätigkeit der Elementarwesen ist in der Literatur genauestens beschrieben. Es gibt eine Wissenschaft, die sich ausschließlich mit den Ergebnissen der Arbeit von Elementarwesen beschäftigt. Sie heißt – Physik. Alles, was ihm Physischen geschieht, ist ihr Werk. Die Kräfte der Physik sind von Wesen verursacht. Im Prinzip auch die der Chemie, für die Physiker ist die Chemie nicht zu Unrecht auch nur ein Teilbereich der Physik.

Rudolf Steiner beschreibt, dass die Menschen die Elementarwesen zu früheren Zeiten noch wahrnehmen konnten. Sie haben so Eingang in die Geschichten gefunden, die man heutzutage Sagen und Märchen nennt.

* * *

Allgegenwärtig zusammenwirkende Elementarwesen

Elementarwesen kann man als bewusste, dynamische Felder bezeichnen, die Naturgesetze konstituieren.

Alles Physische, jeder physische Vorgang ist aus dem Übersinnlichen heraus konstituiert. Sonst gäbe es ihn gar nicht. Die Elementarwesen sind die Mittler zwischen dem Physischen und dem Übersinnlichen. Sie haben keinen physischen Leib – sonst würde man sie mit den Augen sehen können. Sie haben einen Astralleib. Das ist ihr eigentlicher Leib. Sie haben auch einen Ätherleib, mit dem sie über den Bereich der Lebenskräfte in das Physische hineinarbeiten. Ihre «Gedanken» sind – die physischen Vorgänge! Sie denken das Physische.

Elementarwesen sind also notwendigerweise überall. Man kann nichts physisch Existierendes ohne ihre Präsenz denken. Es fließt, es strömt, es verdichtet, es löst sich auf, es reagiert – für all diese Vorgänge gibt es spezifische Arten von Elementarwesen, die genau diesen Vorgang veranlassen. Sie sind – um sie grob zu kategorisieren – den alten griechischen Elementen Feuer, Wasser, Erde und Luft zuzuordnen. Sogar das Vorhandensein der Materie selbst ist ihr Werk. Wenn nicht auf jedem Quadratmeter Erde abertausende von Wesen hart arbeiten würden, gäbe es dieses Stück physische Substanz nicht und es würde zu Geist zerstieben. (Diese Wesen heißen «Gnome». Näheres dazu im Kapitel 11: «Das Wesen der Substanz»)

Das ist bisher erst einmal abstrakt. Die Elementarwesen haben einen Astralleib und ein solcher ist eine Sphäre, die Emotionen konstituiert, eine Gefühlssphäre. Die Anwesenheit eines Astralleibes verursacht also immer auch die Anwesenheit einer bestimmten Stimmung. Am Meer erlebt man eine Stimmung, die man kennt – «Meeresstimmung». Diese kommt dadurch zustande, dass für die Konstitution der Prozesse, die spezifisch am Meer benötigt werden, eine ganz bestimmte Mischung von Elementarwesen benötigt wird, die genau diese Prozesse realisieren. Im Gebirge sind völlig andere Prozesse notwendig. Es findet sich eine völlig andere Mischung von Wesen, die dazu führt, dass man als Folge einer Resonanz des eigenen Astralleibes mit der Astralität der Elementarwesen dort eine spezifisch andere Stimmung als am Meer erlebt – «Gebirgsstimmung» eben.

Dies ist ein weiteres alltägliches Beispiel für die «Wahrnehmung von Übersinnlichem», wie sie in Kapitel 2 beschrieben ist. An jedem Ort findet sich eine spezifische Mischung von Elementarwesen, die man durch Resonanz als klar beschreibbare Stimmung erleben kann.

Drei Ebenen der imaginativen Wahrnehmung von Elementarwesen

Schaut man imaginativ, sind die Elementarwesen überall wahrzunehmen. Wie sehen sie denn nun aus? Hat die Fee einen Zauberstab und der Zwerg eine rote Mütze auf? Die Antwort kann man geben wie Radio Eriwan: «Im Prinzip nein, aber ...» Hier existieren viele Missverständnisse. Wie in Kapitel 4 beschrieben, kann man das Astrale auf drei verschiedenen Ebenen wahrnehmen. Interessant für die Wahrnehmung der Elementarwesen sind die zweite und die dritte astrale Ebene. Im Gegensatz zur zweiten astralen Ebene, die einen emotionalen Inhalt, eine Gestimmtheit trägt, ist die dritte astrale Ebene geistig orientiert, sie ist eine Urbildebene, ohne schon geistig zu sein. Manche übersinnlich Wahrnehmende haben einen Schwerpunkt ihrer imaginativen Wahrnehmung auf der zweiten, andere auf der dritten astralen Ebene. Ihre Beschreibungen der Imaginationen von Elementarwesen unterscheiden sich völlig. Auf der dritten astralen Ebene, der Urbildebene, haben Elementarwesen eine Gestalt. Auf dieser Ebene kann man imaginativ einen Zwerg oder eine Fee erkennen, so, wie man sie sich eben vorstellt und sie auch in den Märchen vorkommen. Auf der zweiten astralen Ebene ist das

Elementarwesen eine raumgreifende, dynamische Sphäre ohne Gestalt. Diese Sphäre ist eine Wirksphäre, dort ist das Wesen präsent und arbeitet. Die Urbildebene ist eine Sphäre der Repräsentanz, sie ist nicht räumlich identisch mit der Wirksphäre. Günstig bezüglich der Wahrnehmung von Elementarwesen auf der zweiten astralen Ebene ist, dass hier die imaginative «übersinnliche Wahrnehmung» (Kapitel 4) und die resonative «Wahrnehmung von Übersinnlichem» (Kapitel 2) zusammenkommen. Man spürt die Präsenz des Wesens genau dort, wo man es auch imaginativ wahrnehmen kann. Würde der Zwerg sozusagen figürlich auf dem Baumstumpf sitzen (dritte astrale Ebene; Urbildebene) und man würde ihn schon im Abstand spüren wenn man näher käme, hieße das, er hätte eine «unsichtbare» Aura. Im Übersinnlichen ist aber nichts unsichtbar. Diese «Aura» wäre dann genau der dynamische Astralleib, die Wirksphäre des Wesens auf der zweiten astralen Ebene.

Man kann also Elementarwesen imaginativ auf drei verschiedenen Ebenen wahrnehmen, der ätherischen, der 2. und der 3. astralen Ebene. Auf diesen Ebenen «sehen» sie jeweils völlig verschieden aus. Im Laufe des spirituellen Weges entwickeln sich die Zugänge zu den Ebenen nacheinander, so dass erst im Laufe der Zeit Elementarwesen differenzierter wahrgenommen werden können.

Beispiel Baum und Baumfaun

Die Elementarwesenwelt ist hierarchisch organisiert. Wie im täglichen Leben gibt es die kleinen, die die Arbeit machen und die großen, die die Aufsicht führen. Die Elementarwesenwelt ist ziemlich bewegt. Um jedes Blättchen, um jede Blüte schwirren etliche kleine Wesen – und genau genommen gehören diese auch schon zu jenen, die aufsichtführend über spezifische Lebensprozesse dieses Pflanzenorgans sind. Die Zusammenhänge seien am Beispiel eines Baumes ausführlich erläutert.

Eine Baumkrone ist ein astral und natürlich auch ätherisch hochbewegter, lebendiger Raum. Durch das «Fernfühlen» (siehe Kapitel 2) ist dieser leicht zugänglich. Allerdings ist es schwer, in diesem Raum eine spezifische Qualität auszumachen, da für die Lebensprozesse des Baumes eine Vielzahl verschiedener Vorgänge konstituiert werden müssen – und somit eine Vielzahl von Elementarwesen vorhanden sind. Auch findet man innerhalb der Baumkrone an verschiedenen Stellen größere Elementarwesen, die die Aufsicht über eine jeweils bestimmte Art von Lebensprozessen haben, entsprechend den Aufgaben eines Poliers auf einer Baustelle und des Steigers im Bergwerk. So gibt es oftmals bei Anfängern Unstimmigkeiten in der Wahrnehmung von Gestimmtheiten im Bereich der Baumkrone, wenn bei der Methode der «Fernfühlung» (siehe Kapitel 2) durch Resonanz die jeweilige Qualität von verschiedenen, räumlich auseinanderliegenden Elementarwesen wahrgenommen wird. Hier ist es hilfreich, die Fernfühlung mit der Imagination verbinden zu können. Im Naturzusammenhang «fühlt» man dergestalt den Wald vor lauter Bäumen nicht, wenn man nicht in der Lage ist, die Standorte der Wesen imaginativ festlegen zu können.

Überall, wo es einen Kontext gibt, gibt es Wesen, die diesen Kontext im Bewusstsein tragen. Das ist ein kosmisches Gesetz.

So gibt es den Kontext «Baum». Also gibt es ein Wesen,

das diesen Kontext Baum im Bewusstsein trägt. Unter den Kollegen hat sich für dieses Wesen der Name «Baumfaun» eingebürgert. Manche nennen ihn auch den Baumgeist, doch kann das zu Missverständnissen führen. Ein Elementarwesen hat einen Ätherleib und einen Astralleib, aber keinen geistigen Leib. Es gibt ein Wesen, welches man einen «Baumgeist» nennen kann, das ist aber jene Sphäre im Geistigen, die man als das Urbild, den Archetyp aller Bäume dieser Art bezeichnen kann. Es gibt ein «Eichenwesen». Das ist nicht an dem jeweiligen Eichenbaum zu finden. Über dem vor einem stehenden Baum ist die Verbindung zum Landschaftsengel als Mittler wahrnehmbar. Dieser vermittelt zwischen dem Urbild der Bäume (dem Baumgeist) und der tätigen Elementarwesenwelt im jeweiligen Baum. Es muss eine Instanz geben, die den Elementarwesen mitteilt, dass und wie hier Eiche realisiert werden soll und nicht Birke oder Gänseblümchen. So wie auf der Baustelle der Architekt den Arbeitern den Plan gibt, aus dem sich ergibt, ob eine Schule oder ein Krankenhaus gebaut wird.

Die Unterscheidung zwischen Landschaftsengelverbindung und Baumfaun ist einfach, da nur der Baumfaun Wesensglieder im Astralen und somit eine emotionale Gestimmtheit hat und die Landschaftsengelverbindung wie eine Kappe geistig über der Baumkrone liegend wahrzunehmen ist.

Das Elementarwesen Baumfaun trägt alle Lebensprozesse des Baumes in seinem Bewusstsein. Er umgreift mit seinem Astralleib den gesamten Baum räumlich, damit ist die Wirksphäre auf der zweiten astralen Ebene gemeint. In Annäherung an den Baum tritt man in bestimmtem Abstand in diese Sphäre ein, was in astraler Resonanz klar wahrnehmbar ist. Auch über die Fernfühlung ist dieser

Baumfaun im Stammbereich am besten zugänglich, da an dieser Stelle im Vergleich zur Krone die geringste Heterogenität in der Konstitution der Lebensprozesse vorliegt. Der Baumfaun trägt die übergeordnete Gestimmtheit des Baumes, die «Baumpersönlichkeit» ist in diesem Wesen erlebbar.

Die Astralleiber (ihr eigentlicher Leib) und die Ätherleiber (ihre Wirkebene in die Lebensprozesse hinein) von Elementarwesen sind nur in den wenigsten Fällen deckungsgleich. Auch beim Baumfaun findet man völlig unterschiedliche Strukturen auf beiden Ebenen. Der Ätherleib hat die Form einer zentralen Säule, die sich zumeist im Inneren des physischen Stammes befindet. Diese Säule reicht bis zum oberen Ende der Baumkrone. Von ihr gehen in bestimmten, regelmäßigen Abständen Kegelsphären etwa im Winkel von 45° nach unten. Üblicherweise sind es sieben, die wie übereinanderstehen. Diese sieben Kegelsphären reichen bis zum Erdboden, den sie kreisförmig erreichen. Somit ergeben sich in der Annäherung von weitem an den Baum sieben im 45°-Winkel aufsteigende ätherische Sphären, die man nacheinander durchschreitet, bis man den Stamm – und vor diesem noch die astrale Wirksphäre des Baumfaunes – erreicht (Schema siehe Anhang 3).

Ein Baum ist ein gutes Objekt zum Üben, da man mit Sicherheit auf einen Baumfaun trifft. Es gibt keine Bäume ohne Baumfaun. Als Anfänger ist es ja sonst nicht so einfach, auf ein großes, isoliertes Phänomen – also ein einzelnes großes Elementarwesen, das eine Aufsichtsfunktion über einen weiten Bereich hat – zu treffen, an dem strukturiert geübt werden kann. Außerdem ist der Baumfaun geeignet zum Üben der Imagination, da durch die Verwendung des Halschakras (ätherische Ebene, Kapitel 4) und Herzchakra (astrale Ebene) völlig unterschiedliche Strukturen wahrgenommen werden können.

Inspirativer Kontakt mit Elementarwesen

Der inspirative Kontakt mit Elementarwesen läuft grundsätzlich anders ab als der mit geistigen Wesen wie Verstorbenen oder Engeln. Mit letzteren kann man über die Gedankenebene kommunizieren (siehe Kapitel 4), wofür man ein entwickeltes Kronenchakra benötigt, mit den Elementarwesen nicht. Sie haben einen Ätherleib und einen Astralleib, aber keine geistigen Wesensglieder. Sie haben keinen Geist. Die Kommunikation mit ihnen vollzieht sich über eine astrale Verbindung, man kann auch sagen, über eine Herzensverbindung. Darüber muss man sich bei der inspirativen Kontaktaufnahme mit ihnen klar sein: In ihre Richtung zu denken nützt nichts. Das Denken muss über das eigene Herz zum Elementarwesen hin gerichtet sein. Dabei nutzt man eine Funktion des zum Wahrnehmungsorgan umgewandelten Herzchakras, nämlich derjenigen, die Gedanken in eine astrale Geste umwandeln zu können. Es entsteht zunächst eine kontinuierliche astrale Verbindung zwischen dem eigenen Herzchakra und dem Wesen, wie ein astraler Strahl. Auf diese Astralität wird der Inhalt unserer Gedanken durch das Herzchakra wie «aufmoduliert», so wie die gleiche Art von Radiowelle ein Fußballspiel, eine Bundestagsrede oder ein Symphoniekonzert übertragen kann. Die Antwort seitens des Wesens erfolgt ebenso als astrale Geste in diesem Strahl, die von unserem Herzchakra aufgenommen und auf die Gedankenebene transformiert wird. Das Ergebnis ist dann – wie bei der Inspiration mit geistigen Wesen – ein Denken in der Person selbst, doch ist es nicht die Person selbst, die denkt.

Bei der Fernfühlung (Kapitel 2) mit Elementarwesen wird Astralität in Form von Elementalen diskontinuierlich und nicht wie eben beschrieben kontinuierlich übertragen. Das Wahrnehmungsergebnis bei der Fernfühlung ist lediglich die Empfindung der Gestimmtheit eines Elementarwesens, die bei diesem Vorgang als Ergebnis einer Resonanz erhalten wird und keine inhaltlichen Aussagen wie bei der Inspiration. Man kann also mit der Fernfühlung oder auch der direkten Resonanz üben, Zwergenstimmung oder Feenstimmung zu erfassen – sofern man zum Beispiel in einem Seminarzusammenhang zunächst einmal durch die Angabe geeigneter Orte die Möglichkeit erhält, sich zu «eichen», also diese Stimmungen erleben konnte.

Dass die Inspiration mit Elementarwesen über die astrale Ebene abläuft, hat eine wichtige Konsequenz. Elementarwesen haben wie eingangs erwähnt keine geistigen Wesensglieder und demzufolge auch keine Sprache. Bei der Umwandlung der astralen Geste durch das Herzchakra werden die Sprache und die Begriffe des Menschen verwendet, der in Kontakt mit den Elementarwesen tritt. Konkret heißt das, dass ein Deutscher in England also keine englischsprechenden Elementarwesen vorfinden wird! Das bedeutet, ein Elementarwesen «antwortet» verschiedenen Menschen mit völlig anderen Worten. Wenn ein Anthroposoph mit Elementarwesen spricht, klingen diese wie Anthroposophen. Das ist gar nicht anders denkbar, denn es werden die anthroposophischen Termini dieser Person verwendet. Täte dies ein Katholik oder ein Buddhist, kämen völlig unterschiedliche Texte dabei heraus, die aber den gleichen Inhalt hätten.

Elementarwesen in Maschinen

Ein Kontext jenseits der Naturprozesse sind Maschinen. Hier hat der Mensch Drähte, Zahnräder und Motoren zu einem funktionellen Zusammenhang zusammengefügt. Das heißt eigentlich, dass der Mensch hier Elementarwesen zu einem funktionellen Zusammenhang zusammengefügt hat, sonst würde eine solche Maschine gar nicht funktionieren.

Überall, wo ein Kontext ist, gibt es Wesen, die diesen Kontext im Bewusstsein tragen. Auch eine Maschine ist ein Kontext, der somit wesenhaft zusammengefasst wird. Jedes Gerät, ob Auto, Waschmaschine oder Rasierapparat hat ein übergeordnetes Elementarwesen, welches alle Elementarprozesse zu einem Gesamten zusammenfasst. Es hat ebenfalls einen Äther- und Astralleib und kann entsprechend wahrgenommen werden.

In esoterischen Zusammenhängen besteht vielfach das Vorurteil, dass an der Konstruktion einer Maschine grundsätzlich etwas Ungutes sei, weil eine Einflussnahme von geistigen Wesen mit dunklen Intentionen vorläge. Das kann man so nicht sagen. Maschinen sind meistens in einem völlig harmonischen Zusammenhang mit der geistigen Welt und man kann in einem ausgezeichneten Verhältnis zu den Maschinenelementarwesen stehen. Es ist eine gute Übung, gleichartige Maschinen zu vergleichen, was man beispielsweise auf einem Parkplatz bei verschiedenen Autos durch Fernfühlung der Maschinenelementarwesen gut bewerkstelligen kann.

Aus der Gestimmtheit dieser Wesen kann manches bezüglich des technischen Zustandes des Autos abgeleitet werden. Aber sogar der Charakter des Fahrers hat einen starken Einfluss, da seine Astralität während der Fahrt in unentwegter Wechselwirkung mit dem Astralleib der Autoelementarwesen steht!

Instrumentalisierte Elementarwesen

Aus der Tatsache, dass die Elementarwesen keinen geistigen Leib besitzen, ergibt sich eine grundsätzliche Problematik. Der Auftrag zur jeweiligen Tätigkeit, die sie vollführen, kommt immer von außerhalb. Dieser Auftrag wird sowohl bei Elementarwesen im Naturzusammenhang wie im technischen Zusammenhang aus den Sphären der Hierarchien, der Engel erteilt. Man kann sich vorstellen, dass es für Menschen schon immer attraktiv war, die Kontrolle über die Kräfte der Elementarwesen übernehmen zu wollen. Ein Wesen wie die Elementarwesen, das in die physische Welt eingreift, kann ein sehr mächtiges Werkzeug sein. Wem es also gelänge, den geistigen Auftrag der Elementarwesen auszutauschen, gewänne Macht über sie. Alle denkbaren Vorgänge, die in das Physische und Ätherische eingreifen, lägen in den erreichbaren Möglichkeiten einer solchen Manipulation. Das war schon immer ein Teilbereich der schwarzen Magie. Ein solcher Eingriff im Bereich der Naturwesen ist mit entsprechenden Fähigkeiten genauso einfach wie bei Technikelementarwesen. Bei Technikelementarwesen fällt es nur üblicherweise in den Wirkungen deutlicher auf.

Elementarwesen wurden und werden dazu missbräuchlich verwendet, im Lebenskraftsystem anderer Menschen Schaden anzurichten. Solcherart manipulierte Elementarwesen werden «Dämonen» genannt. Die weiße Magie wollte diese Art von Manipulation zum Wohle von Menschen durchführen, doch mag man den Eindruck haben, dass die Grenze zwischen weißer und schwarzer Magie ziemlich fließend ist. Ein Elementarwesen hat mangels Geist auch keinen freien Willen, so wie wir Menschen. Es kann nicht «nein» sagen. Es muss die Aufträge erfüllen, die ihm auf geistigem Wege gegeben worden sind. Ein solches Wesen aus dem kosmischen Zusammenhang zu entfernen, kann als ethisch äußerst fragwürdig angesehen werden und der Autor lehnt eine solche Manipulation strikt ab.

Sollte einem im esoterischen Zusammenhang eine Maschine, eine Vorrichtung, ein Apparat, ein Präparat begegnen, welche mit normaler Physik oder Biologie nicht mögliche Vorgänge bewirken, sollte die Alarmglocke läuten. Alle physischen Vorgänge werden durch Elementarwesen konstituiert. Auch die unmöglichen, so der geistige Auftrag ein «unmöglicher» ist. Immer wieder begegnet man in der esoterischen Szene Apparaten oder Zubereitungen, die besondere Eigenschaften haben sollen, etwa den Elektrosmog zu vertilgen, nach Montage im Auto Benzin zu sparen, ohne Seife zu putzen, den Stromverbrauch im ganzen Haus um 30% zu verringern oder die Ätherqualität im Umkreis von 20 m zu verbessern. Als Ergebnis vieler übersinnlicher Untersuchungen muss der Autor feststellen, dass in den allermeisten Fällen Elementarwesen geistig beeinflusst wurden und mit sehr zweifelhaften geistigen Wesen im Hintergrund verbunden wurden. Man kann vermuten, dass die Hersteller eher in Naivität und nicht mit böser Absicht handelten. Das Ergebnis bleibt jedenfalls trotzdem das gleiche.

Die Folge ist vereinfacht gesagt üblicherweise, dass der Einflussbereich von den geistigen Wesen, die hinter diesen Apparaten stehen, auf den Anwender ausgedehnt wird. Das hat dann eine differenziert schädigende Wirkung. Nach der Untersuchung einer Vielzahl solcher Geräte, Flüssigkeiten, Handyaufklebern kommt der Autor zu dem Urteil: Besser Elektrosmog, etwas mehr Benzin verbrauchen müssen, kräftiger putzen müssen, als das, was man sich mit diesen Wesen ins Haus holt.

Normalerweise werden Maschinen durch Energieumwandlung betrieben. Z.B. im Auto wird die chemische Bindungsenergie in den Benzinmolekülen durch die Verbrennung in mechanische Energie umgewandelt. Rudolf Steiner beschrieb einst einen «Strader-Apparat», eine Maschine, die durch Ätherkraft angetrieben wird. Man muss sich deutlich machen, was das bedeutet: Mechanische Kraft wird nicht durch Umwandlung anderer physischen Kräfte, sondern durch direkte Umwandlung aus einer übersinnlichen Ebene gewonnen. Eine solche, direkte Umwandlung gibt es aber nicht – in den Physikbüchern und der aktuellen Realität. Ein solcher Vorgang müsste aber zwingend durch Elementarwesen bewerkstelligt werden, sonst fände keine mechanische Bewegung statt.

Rudolf Steiner wies darauf hin, dass eine solche Maschine erst realisiert werden kann, wenn die moralische Entwicklung des Menschen erheblich fortgeschrittener als zum jetzigen Zeitpunkt sein wird. Das kann man nur unterstreichen. Ein solcher Eingriff muss moralisch getragen werden können. Man möge sich vorstellen, welche dunklen Kräfte – von Seiten der Menschen – auf den Plan gerufen würden, wenn auf einmal ein Apparat existieren würde, der von der Ölindustrie und der Stromwirtschaft unabhängig wäre.

* * *

Vor fast 30 Jahren, nachdem ich mich in die Anthroposophie eingelesen hatte, traf ich einmal in einem esoterischen Zusammenhang einen Mann, der sagte, dass er Elementarwesen sehen könne. Das fand ich interessant, denn ich hatte bisher keine praktische Erfahrung in der Wahrnehmung von ihnen. Ich bat ihn eines Tages, er möge mir doch mal ein Elementarwesen zeigen. Wir befanden uns gerade im Wald und er wies auf eine Stelle fünf Meter rechts von uns. «Na, dort!» Ich beschrieb, was ich dort imaginativ sah, er beschrieb, was er dort wahrnahm und beides war – völlig verschieden. Dies war ein biografisch wichtiger Moment in meinem Leben. Zum Glück war er esoterisch so gebildet, dass er das erklären konnte: «Ich sehe den astralen und du siehst den ätherischen Anteil des Wesens.» Danke schön. Das war einer der hilfreichsten Hinweise, die ich in meiner Anfangszeit erhielt und er hat mich zum Weiterüben motiviert.

Zu Beginn meiner Seminartätigkeit konnte ich lediglich imaginativ übersinnlich wahrnehmen. Zumindest dachte ich das. Während der Vorbereitung eines Seminars im Stadtpark Bochum nahm ich ein Elementarwesen wahr, welches meiner Auffassung nach dem Element Luft zuzuordnen war. Nun dachte ich, die Zeit sei gekommen und ich fasste mir ein Herz und fragte es «Was für ein Wesen bist du?». (Wie oben beschrieben fragte ich natürlich über die Herz- und nicht die Gedankenebene.) Zu meiner großen Verblüffung antwortete es (ebenfalls über die Herzebene).

Ich hörte innerlich «Eine Sylphe!» Das hätte für den Tag ja schon gereicht. Ich stutzte noch zusätzlich, weil ich zu diesem

Zeitpunkt fälschlicherweise dachte, Sylphen seien Feuerwesen, und dachte, «nun mach mal weiter ...» Ich entgegnete also: «Aber du bist doch ein Luftelementarwesen!» Die Antwort: «Ja, ich bin ein Luftelementarwesen.» – «Aber du bist doch eine Sylphe!» – «Ja, ich bin eine Sylphe!» Ich bedankte mich, fuhr irritiert nach Hause und schlug in den Büchern nach. Da stellte ich fest, dass Sylphen tatsächlich Luftwesen und nicht etwa Feuerwesen sind! So war ich mit meiner allerersten Inspirationserfahrung gesegnet damit, etwas zu erfahren, was ich vorher nicht wusste und somit eine Bestätigung zu erhalten.

Vor vielen Jahren in Bolivien bin ich einmal eine Woche lang alleine mit einem Guide durch den Dschungel gewandert. Ich wollte als Biologielehrer einmal ein solches Biotop kennenlernen, doch wollte ich auch einmal eine Naturlandschaft wahrnehmen, die nicht ständig von Menschen betreten wird. Die ersten Tage berauschte ich mich an diesen Fluten von Grün. Dann hatte ich plötzlich das Gefühl, dass hier etwas fehle. Ein Gefühl von Leere trat auf. Ich hatte die Anmutung, es wäre gut, wenn wie in den Szenen mit Klaus Kinski als Schauspieler im Film Fitzcarraldo, ein Grammophon auf dem Bug des Dschungeldampfers unentwegt Caruso-Arien in die Dschungel-Leere spielen würde. Dann begann ich mehr und mehr übersinnlich zu schauen und fand den Dschungel voll von Elementarwesen, die mich erwartungsvoll anschauten. Sie erwarteten meine menschliche Zuwendung. Diese fehlte! Meine Zuwendung wurde mit tiefer Freude und Zuneigung beantwortet. Seitdem habe ich es mir zur Eigenschaft gemacht, durch die Natur zu gehen mit dem Bewusstsein, dass dies alles Elementarwesenwerk sei und dabei mich so gut es geht mit meinem menschlichen Bewusstsein mit den Elementarwesen zu verbinden. Ich kann Ihnen sagen, wenn Sie so etwas tun, ist die übersinnliche Welt anschließend nicht mehr die gleiche.

Warum haben wir uns eigentlich inkarniert? Warum sind wir nicht in der geistigen Welt geblieben, schön warm und trocken? Weil wir hier eine Aufgabe in der physischen Welt mit all ihren Hindernissen haben. Und diese Welt stellen uns die Elementarwesen im Auftrag der Hierarchien zur Verfügung. Dafür haben sie unsere würdigende Dankbarkeit verdient.

(Vertiefung im Kapitel 9, «Wahrnehmung des Menschen», und 11, «Das Wesen der Substanz»).

Die Gestimmtheit der Elementarwesen ist eine Beziehungsfrage. Sie kommen mit uns in Resonanz, wohl oder wehe. Die Menschen prägen sich astral in die Astralität der Wesen ein. Und da es nichts Physisches ohne Elementarwesen gibt, kann man auch in der Folge sagen: Der Mensch erzeugt die Gestimmtheit seiner Umgebung selbst. Nirgendwo ist die Redensart «Wie man in den Wald hineinruft, so schallt es heraus» gültiger als beim Thema Elementarwesen. Das gilt für alles. Bedanken Sie sich doch ruhig mal bei Ihrem Staubsauger, der Sie schon Jahre treu begleitet. Mein letztes Auto war ein 23 Jahre alter VW Polo, der immerhin 439.000 km fuhr, bevor er dann wirklich im wahrsten Sinne des Wortes auf der Strecke blieb. Ich hatte ein ausgezeichnetes Verhältnis zu den Elementarwesen im Auto. Zu sagen, dass der Wagen deswegen so lange gehalten hat, wäre natürlich völlig unwissenschaftlich …

Kapitel 9
Wahrnehmung des Menschen

> Wir sind nicht menschliche Wesen,
> die spirituelle Erfahrungen haben.
> Wir sind vielmehr geistige Wesen, die
> menschliche Erfahrungen machen.
>
> *Teilhard de Chardin*

Der Mensch ist ein rätselhaftes Wesen. Wenn man eine Kuh beschreibt, so hat man sicher 98% der Eigenschaften aller Kühe erfasst. Beim Menschen ist das nicht der Fall. Fähigkeiten und Unfähigkeiten klaffen auseinander wie bei keinem anderen Lebewesen. Der Mensch ist fähig zur Kultur und zur Unkultur. In herausragenden Museen wie zum Beispiel dem British Museum in London kann man sich davon berühren lassen, was der Mensch zu erschaffen vermag, wenn er sich für Hingabe, Sorgfalt und Sinnhaftigkeit entscheidet. Andererseits braucht man nur einmal die Nachrichten hören, um in eklatanter Weise um die Ohren gehauen zu bekommen, dass der Mensch ein Wesen mit Widersprüchen, mit Schattenseiten oder auch mit Abgründen sein kann. Das Menschliche und das Unmenschliche ist als Möglichkeit des Handelns von Individuen unserer Spezies immer vorhanden. Auch die Atombombe oder der Holocaust sind Menschenwerk. Mahatma Gandhi und Adolf Hitler – Menschen. Damit ist schon klar, Mensch sein heißt: Entscheide dich! Das kann keine Katze und kein Hund. Sie sind rein instinktgesteuert. Kein Tier – mal abgesehen von Menschenaffen, die das anfänglich können – vermag sein

Handeln zu reflektieren, es von einer Metaperspektive aus anzuschauen. Wir haben einen freien Willen. Das ist Fluch und Segen zugleich. Und – genau das ist Sinn der Sache!

Worum geht es eigentlich? Wieso müssen wir uns so abmühen? Was ist der Sinn des Lebens? – Erwarten Sie bitte nicht, dass ich Ihnen hier den Sinn des Lebens erklären kann. Aber aus einer übersinnlich beobachteten Perspektive zeigt sich doch eine höhere Bedeutung der ganzen Leidensfahrt.

* * *

Das «Ich» und seine Ausprägung

Eine zentrale Fähigkeit des Menschen ist, dass er zwischen dem Guten und dem Bösen unterscheiden kann. Zumindest theoretisch. Natürlich ist es in den verschiedenen Kulturen der Erde auch höchst unterschiedlich, was als moralisch gut oder schlecht angesehen wird. Zumindest aber kann er ein Gefühl für Moralität entwickeln und sein Handeln danach ausrichten. Er ist in der Lage, sich zu entscheiden, in einer bestimmten Art und Weise zu handeln, über die er zuvor reflektiert hat. Der Mensch besitzt einen freien Willen. Übersinnlich ist das bedeutsam, denn der freie Wille ist ein Alleinstellungsmerkmal des Menschen. Nur er besitzt diesen, keinem Engel und keinem Elementarwesen ist ein freier Wille zu eigen. Diese Eigenschaft des freien Willens ist mit dem «Ich» verbunden, der zentralen Instanz unserer Seele und unseres Geistes. Weder ein Zwerg noch ein Cherub kann «Ich» zu sich sagen. Damit ist der Mensch aufgerufen, Verantwortung für sein Leben zu übernehmen. Für sein Handeln, aber auch schon für sein Fühlen und Denken. Das ist überhaupt erst die Voraussetzung, aufgrund derer auch ein spiritueller Weg ergriffen werden kann, wie es in Kapitel 3 dargestellt wurde.

Ob das «Ich» direkt übersinnlich wahrnehmbar ist, da scheiden sich die Geister. Der Diskussion darüber soll hier nicht nachgegangen werden. Was jedoch klar wahrnehmbar ist, ist eine «Ich-Ausprägung». Auf der vierten devachanischen Ebene (G4, Wahrnehmung mit dem Kronenchakra, erste Ebene) kann imaginativ ein geistiger Leib wahrgenommen werden, der sein Zentrum im ätherischen Hauptstrom entlang der Wirbelsäule hat und sich bis etwa 20 cm außerhalb des physischen Leibes als homogene, radiärsymmetrische Hülle wahrnehmen lässt.

Diese Größe erreicht die Ich-Ausprägung jedoch nur, wenn es in der Biografie keine größeren Schwierigkeiten gab. Wenn der Mensch aber in Zusammenhängen aufwachsen und leben musste, in denen er auf Grund äußerer Umstände in der seelischen Entwicklung unter seinen Möglichkeiten bleiben musste, kann diese Ich-Ausprägung mehr oder weniger stark reduziert sein. Beispiele hierfür wären das Aufwachsen in repressiven politischen Zusammenhängen. Oder es liegen streng religiöse Kulturzusammenhänge vor, in denen alles, was die Dogmen nicht erlauben, Sünde genannt wird und dem Kind ständig Angst und Schuld aufgeladen wurde. Oder manche Kinder mussten viel zu früh Verantwortung übernehmen, beispielsweise für die psychisch oder physisch kranken Eltern.

Dann wird die Kraft abgezogen, die zur eigenen Ich-Entwicklung benötigt wird. Das Ich kann sich nicht im notwendigen Maße im Leib inkarnieren. Das Ich ist aber der

«Herr im Haus» sowohl über das seelische als auch über das physiologische Leben. Tritt eine Schwäche der Ich-Ausprägung auf, gibt es Platz für Fremdeinflüsse, sowie dafür, dass sich Vorgänge im Seelischen oder im Physiologischen selbstständig machen. Vereinfacht kann man sagen, dass man nur krank werden kann, wenn die Ich-Ausprägung reduziert ist. Beobachtet man Menschen auf der Straße, haben etwa 60% eine reduzierte Ich-Ausprägung. In der Onkologie etwa 85% in der Psychosomatik 90% und in der Psychiatrie 100%. Wenn die Ich-Ausprägung dieser Menschen normal wäre, wären sie dort nicht zu finden.

Die Stärke der Ich-Ausprägung korreliert auch mit dem Selbstwertgefühl. Personen mit geringer Ich-Ausprägung fühlen sich auch innerlich schwach, unsicher und hilfsbedürftig. Das wird entweder konkret gelebt, so dass diese Personen stets Mitleid oder Aufmerksamkeit von anderen fordern oder es wird überkompensiert. Menschen, die mit ihrem Ego den ganzen Raum zu füllen scheinen und andere massiv dominieren, sind bezüglich ihrer Ich-Ausprägung meistens ziemlich klein. Dieses Verhalten auf Grund der reduzierten Ich-Ausprägung hat natürlich Auswirkungen auf die mitmenschliche Umgebung, vor allem auf Kinder. Es entstehen familiäre Situationen, die dazu führen, dass reduzierte Ich-Ausprägungen oftmals «vererbt» werden. Das ist auch einer der übersinnlichen Gründe, dass verschiedene Krankheiten in bestimmten Familien vermehrt auftreten.

An der Verbesserung der Ich-Ausprägung kann man konkret arbeiten. Das empfiehlt sich. Im Anhang 2 finden sich geeignete meditative Übungen.

Das «Ich» inkarniert sich immer wieder. Nachtodlich verbringen wir eine gewisse Zeit in der geistigen Welt, bis wir uns für eine neue Inkarnation, für ein erneutes Leben in einem physischen Körper entscheiden. Wir befinden uns dann mit demselben «Ich» als Mensch in diesem neuen Leben.

Die Zeit in der geistigen Welt dauert etwa durchschnittlich 200-400 Jahre, abhängig von unserer Entwicklungsstufe. Vereinfacht gesagt inkarnieren sich geistig höherentwickelte Personen seltener. Der heutige Durchschnittsbürger lebt etwa in der vierten, fünften Inkarnation seit Christi Geburt. Bezüglich der Wahrnehmung der vergangenen Inkarnationen und ihrer Reihenfolge lässt sich sagen, dass hier nur ein meditativer Zugang zielführend ist. Die Reihenfolge ist nicht in der Aura eingeschrieben oder lässt sich nicht durch Resonanz erfassen.

Warum müssen wir uns überhaupt immer wieder inkarnieren? Warum bleiben wir nicht in der geistigen Welt, in sicheren Gefilden? – Weil wir hier durchmüssen! Weil wir uns entwickeln müssen und dafür diese Welt mit all ihren Widerständen brauchen. In der geistigen Welt kann man sich nicht entwickeln. Wir brauchen einen Gestaltungsraum, in dem wir mit unserem freien Willen wirken können. Denn was wir hier an Entwicklung an uns leisten, nehmen wir mit in die folgenden Inkarnationen.

Das höhere Ich

Die Bedeutung, welche die Ausrichtung des Handelns nach dem Guten, Schönen und Wahren für dieses jetzige Leben hat, wurde schon in Kapitel 3 dargestellt. Wir wirken so auf unsere Chakren ein, die sich zu Wahrnehmungsorganen wandeln können. Das wirkt sich auf die Fähigkeit zur übersinnlichen Wahrnehmung aus.

Ansonsten reichen die Wirkungen weit über dieses Leben hinaus. Mit jeder Entscheidung, die im Einklang mit höheren moralischen Werten getroffen wird oder die möglicherweise sogar früheren negativen Verhaltensweisen von uns diametral entgegensteht, wird eine seelische (astrale) Substanz gebildet. Diese ist die Vorstufe zu einer stärkeren Ausbildung von geistigen Wesensgliedern, dem «höheren Ich», welches aus «Geistselbst», «Lebensgeist» und «Geistesmensch» besteht.

Die Weiterentwicklung des höheren Ichs hat Ewigkeitswert. Es gehört zu den klassischen anthroposophischen Missverständnissen, dass wir diese Wesensglieder des höheren Ichs noch gar nicht ausgebildet hätten. Jeder hat sie, doch allermeistens findet man sie in übersinnlicher Anschauung beim einzelnen Menschen nur rudimentär vor. Diese Wesensglieder nimmt man – mitsamt des Ichs – nachtodlich mit in die geistige Welt. Sie bleiben nach der Auflösung des Astralleibes am Ende des Kamalokas übrig. Stärker entwickelte Wesensglieder des höheren Ichs ermöglichen einem in der geistigen Welt, eine höhere Bewusstseinsstufe bzw. -tiefe zu erreichen. Mit vielen Menschen ist nachtodlich genauso wenig (oder viel) los wie zu Lebzeiten. Die Verstorbenen, die ein gut ausgebildetes höheres Ich besitzen, leuchten aus der Masse geradezu heraus.

Noch höhergeordnete Bedeutungen des höheren Ichs werden im Kapitel 11 (Das Wesen der Substanz) dargestellt.

Die Ausprägung des höheren Ichs lässt sich imaginativ auf der 5. devachanischen Ebene (S5, Kronenchakra; Geistselbst), der 6. devachanischen Ebene (S6, Kronenchakra,

Lebensgeist) und 7. devachanischen Ebene (S7, Kronenchakra; Geistesmensch) beobachten.

Menschen mit gut ausgebildetem Geistselbst

In der Arbeit mit psychosomatischen Patienten zeigt sich ein interessantes Phänomen. Etwa jeder zwanzigste, dreißigste Patient hat ein stark ausgebildetes Geistselbst und eine schwache Ausprägung des Ichs.

Diese Patienten haben alle die gleiche Signatur. Alle hatten sie sich mehrere tausend Jahre nicht mehr inkarniert, sind hochidealistisch von frühester Jugend an und hatten schon als kleine Kinder das Gefühl, sie seien in der Familie fremd, im Krankenhaus verwechselt worden und/oder völlig alleine in der Welt der Menschen. Dazu hatten sie alle oft schon als Kind das Gefühl, eine «Mission» zu haben.

Diese Menschen haben sich offensichtlich aus dem normalen Zeitrhythmus der Inkarnationen herausgelöst. Ein stark entwickeltes Geistselbst (oder stark entwickeltes höheres Ich) ist ein Resultat eines intensiv betriebenen spirituellen Erkenntnisweges (wie in Kapitel 3 beschrieben) – der aber auch schon viele tausend Jahre zurückliegen kann. Wenn sich ein solcher Mensch wieder inkarniert, muss es einen Grund geben.

Entweder hat die Persönlichkeit etwas zu lernen, was man in der geistigen Welt nicht lernen kann, etwas, wozu man die Erde mit all ihren physischen und sozialen Widerständen benötigt – oder es gibt tatsächlich eine Aufgabe, die dieses Wesen an den Menschen oder der Menschheit vollbringen soll. Menschen benötigen jedoch das Ich, um sich zu begegnen. Ist aber vornehmlich das

Geistselbst vorhanden, kommuniziert man sozusagen eine Stufe zu hoch. Man steht viel stärker «mit dem Fuß in der Tür zum Geistigen» als die normalen Menschen. Man steht in viel stärkerem Kontakt mit dem Schönen, Guten und Wahren, man weiß, wie es eigentlich sein sollte. Daraus resultiert ein starker Idealismus. Die Zeitgenossen verstehen einen solchen Menschen mit seinen hohen Zielen nicht. Man eckt an. Auf diese Art – aber natürlich auch durch oben erwähnte sonstige repressive Lebensumgebungen – hat sich bei ihnen die Ich-Ausprägung reduziert. Die Persönlichkeiten, welche die gleiche Signatur, aber eine normale Ich-Ausprägung haben, weil sie in unproblematischen, verständnisvollen Verhältnissen aufwuchsen, sind diejenigen, die beispielsweise Waldorfschulen gründen oder Krankenhäuser in den Dschungel bauen. Diese trifft man in der Psychosomatik allerdings nicht an.

Arbeit an der Biografie

Wie schon in Kapitel 1 und 2 dargestellt, sind Gefühle und Gedanken eigenständige Entitäten, Elementale genannt, die an Orten verbleiben, an denen sie auftraten oder die andere Wesenheiten erreichen, sofern jene die Adressaten waren.

Somit hinterlässt der Mensch sozusagen unentwegt eine Perlenschnur von Gefühls- und Gedankeneinheiten, die mit ihm verbunden sind, denn er hat sie mit ihren jeweiligen Qualitäten erzeugt. Dies geschieht tagtäglich, ein ganzes Leben lang.

Das heißt, alles, was wir jemals gefühlt oder gedacht haben, ist erhalten geblieben. Das ist von großer Bedeutung. Wie oft wird gedacht, dass belastende Ereignisse lange her sind, Zeit alle Wunden heilt, man vergeben oder vergessen hat. Tatsächlich ist jedes einzelne Gefühl noch in seiner selben Intensität in uns vorhanden, in der es früher auftrat. Zumindest, bis wir es bearbeiten! Jedes gleiche Gefühl, das wiederholt auftrat, wurde in der Biografie an derselben Stelle des Astralleibes abgelegt und mit der Zeit verdichtet, was zu Blockaden führt. Ab einem bestimmten Maß an Verdichtung treten Dynamikstörungen auf. Zunächst treten sie als Dauergefühle auf, beispielsweise ein Angst- oder Bedrohungsgefühl, das man nicht mehr loswird. Das kann sich dann weiter zu Denk- und Gefühlsmustern verdichten. Diese Blockaden entsprechen den psychologischen Komplexen. Sie wirken wie eine Art Filter; jede Wahrnehmung und jede Äußerung werden durch die Dynamik dieser Komplexe beeinflusst. Man nimmt nicht mehr objektiv wahr. Man verhält sich und äußert sich nicht mehr angemessen. Im Alltag merkt man das an der Existenz von «Triggerpunkten», den wunden Punkten, von Seelenthemen, die, wenn sie berührt werden, zu viel stärkeren Reaktionen führen, als normalerweise erklärlich wäre.

Schließlich setzt sich dieser Verdichtungsvorgang ins Ätherische fort. Als Folge wird die Dynamik des Ätherischen beeinflusst, die sich in der Physiologie ausdrückt. Sprich, man wird in spezifischer Weise krank. Übersinnlich sind solche Verdichtungskaskaden als biografisch erzeugte Blockaden im Ätherleib und Astralleib oft an relevanten Stellen wie dem Herzen, dem Nacken, im Bauch oder in dem Bereich der Geschlechtsorgane sichtbar. Aus der übersinnlichen Beobachtung heraus kann man sagen, dass jeder Krankheit, jeder körperlichen oder seelischen Beschwerde, ob Gallensteinen, hohem Blutdruck, Rückenschmerzen, einem verspannten Nacken, oder einer Depression dasselbe zugrunde liegt: Eine lang angedauert habende Kaskade von spezifisch gleicher, verdichteter Emotion. Möglicherweise sind die Ursachen dieses Komplexes, die belastenden oder traumatischen Situationen, die sich ereignet haben, aktuell stark in den Hintergrund getreten. Man kann einen einfachen Selbstversuch machen: Jede Situation, an die wir uns erinnern, die noch Zorn, Ärger, Trauer oder Scham erzeugt, ist noch übersinnlich aktiv und stört, vielleicht schon als kleiner Teil der Gesamtheit des biografisch erzeugten Komplexes, die gesunde Dynamik im Astralen und Ätherischen.

Diese alte Astralität konnte sich nur ablagern, weil wir in den jeweiligen damaligen Situationen zu jung, zu unreif, zu schwach waren, um adäquat zu reagieren.

Man kann allerdings diese alte Schwäche ausgleichen. Das wird in einer guten Psychotherapie oder Biografiearbeit erreicht. Gut ist sie diesbezüglich, wenn sie tatsächlich mit den alten Emotionen arbeitet und nicht nur beim Verstehen stehenbleibt. Intellektuelles Verstehen hat noch nie etwas geheilt, sondern kann lediglich eine bewusste Neuorientierung des Handelns in der Zukunft bewirken. Durch die geführte Reaktualisierung und aktive Verstärkung der alten Emotionen der jeweiligen Situation aber löst sich diese auf. Man sieht übersinnlich auf der ätherischen und astralen Ebene, dass diese Blockaden nach und nach kleiner werden bzw. sich in den peripheren Bereich des Äther- oder Astralleibes verlagern. Man kann also so den Erfolg einer solchen Therapie verfolgen. Es ist durchaus hilfreich, übersinnlich imaginativ die Stellen der Blockaden im Äther-

oder Astralleib lokalisieren zu können, weil man so das Bewusstsein des Patienten auf diese Bereiche lenken kann und ihm dadurch dort die alte Astralität durch Resonanz zugänglich machen kann.

Aber natürlich funktioniert eine Psychotherapie oder Biografiearbeit auch ohne übersinnliche Fähigkeiten des Therapeuten. Lässt man den Patienten sich an die alten relevanten Situationen der Biografie erinnern, landet er automatisch an der richtigen Stelle im Ätherleib oder Astralleib und der Therapeut kann die dort abgelagerten Emotionen mit dem Patienten bearbeiten. Der Therapeut weiß dann nicht, an welcher Stelle in den Wesensgliedern gerade gearbeitet wird, doch ist das in diesem Zusammenhang für die Therapie auch nicht relevant.

So ist es also möglich, die Perlenschnur der Emotionen in der Biografie nachträglich zu bearbeiten, die dunklen Perlen wieder strahlen zu lassen. Damit ändert sich die Dynamik im Seelischen und im Physiologischen. Es gelingt den Menschen plötzlich, in Lebenssituationen gelassener und freier zu reagieren. Krankheiten schwächen sich ab oder verschwinden.

Reinkarnation und Karma

Die Bearbeitung der Perlenschnur der Emotionen hat somit eine außerordentlich große Bedeutung für die Biografie dieser Inkarnation. Tatsächlich geht die Bedeutung aber noch weit darüber hinaus. Wenn wir uns für das nächste Leben wieder inkarnieren, begegnen wir derselben Perlenschnur von Gedanken und Gefühlen wieder, die wir im letzten Leben erzeugten und die mit uns verbunden sind und bleiben. Nun, hier ist es notwendig zu präzisieren: Erzeugt haben wir diese allein im letzten Leben auch nicht, denn wir hatten uns in jenem vergangenen Leben schließlich ebenfalls nicht das erste Mal inkarniert.

Wir begegnen also nach und nach den alten, mit uns verbundenen Gefühls- und Gedankenentitäten wieder, die jeweils eine bestimmte Qualität haben. Diese Qualität ist maßgebend für die Eigenheiten der Situationen, denen wir im aktuellen Leben begegnen. Man kann sagen, dass die Zeit eine andere ist, die Situation nun eine andere ist – aber die Motive, die Themen, die Stimmungen sind dieselben. Sie sind festgelegt durch das, was früher passierte. Das nennt man Karma. Das Leben ist bezüglich des Karmas wie eine gute Sinfonie – es passiert immer etwas Neues, aber die Motive sind bekannt!

Viele Menschen denken, an Karma könne man lediglich glauben (oder eben nicht) und haben darüber eher ein religiöses Gefühl. Übersinnlich gesehen ist Karma aber etwas höchst Mechanisches. Eigentlich ist dieses Leben und alle vergangenen dasselbe. Denn die übersinnliche Substanz, an der wir uns in unserer Biografie entlang bewegen, ist dieselbe, wird von uns aber von Leben zu Leben bearbeitet.

Darum geht es. Diese Begegnung mit dieser Substanz ist eine Chance. Wir sind nicht durch das Karma verurteilt, immer denselben Motiven zu begegnen, wir haben die Möglichkeit zum Verändern.

Entwicklung positiver Art findet statt, wenn es dem Menschen gelingt, in den Situationen des täglichen Lebens, den kleinen und großen Konflikten eine Entscheidung zu treffen, die im Einklang mit höheren, allgemeineren Werten, dem Guten, Schönen und Wahren stehen. «Rechtes Streben, rechtes Handeln, rechtes Leben», so heißt es im Buddhismus in der Beschreibung seines Schulungsweges. Einfacher gesagt: Ist es uns möglich, den Situationen unseres Lebens konstruktiv zu begegnen, Lösungen für Probleme zu finden und damit unsere alten Gefühls- und Gedankenmuster zu transformieren?

Gelingt uns dies nicht, so bleiben diese Teile der Perlenschnur unserer Gedanken und Gefühle aus dem letzten Leben unbearbeitet. Das Resultat ist, dass man ihnen im nächsten Leben wieder begegnet. Das kann man negativ sehen. Wenn wir es jetzt nicht schaffen, haben wir es im nächsten Leben wieder am Hals! Das kann man aber auch als Trost ansehen. Wir müssen nicht alles in diesem Leben schaffen. Es gibt auch noch Chancen in den nächsten Leben.

Karmische Relationen

Die Dinge, die uns in diesem Leben widerfahren, sind also nicht zufällig. Es gibt ein System und das hat mit uns und unseren Entwicklungsaufgaben zu tun. Die Frage nach dem «Warum» soll sich gerade aus der Begegnung mit den Hindernissen und Schwierigkeiten ergeben. Auch die Personen, die uns in diesem Leben begegnen, treffen wir nicht zum ersten Mal. Man kennt sich aus vergangenen Leben. Die Konstellationen und Rollen waren andere, die Themen sind bekannt.

Fremd fühlen sich die oben erwähnten Menschen mit gut entwickeltem Geistselbst und sehr langer Inkarnationspause in ihren Familien, weil sich die anderen Familienmitglieder viel häufiger und auch gemeinsam in anderen Konstellationen inkarniert hatten und sich somit in diesem

Leben sozusagen wiedererkannten. Jemand, der mehrere tausend Jahre nicht inkarniert war, kann das nicht.

Spürt man in der Begegnung mit einem Menschen eine Zuneigung oder Abneigung, die über das rein Ästhetische hinausgeht, kann man sicher davon ausgehen, dass eine karmische Beziehung vorliegt. Es lohnt sich, solchen Begegnungen zu folgen und zu schauen, was sich aus der Begegnung ergibt. Gäbe es nichts mehr zu klären, nichts mehr zu entwickeln, wäre man sich nicht mehr begegnet. Lustvollen Begegnungen zu folgen ist leicht, es aber auch auszuhalten und durchzustehen, den leidvollen Beziehungen auf den Grund zu gehen, ist die eigentliche Kunst.

Wobei das Auf-den-Grund-Gehen nicht notwendigerweise bedeutet, dass man klären muss, wie die Konstellationen der Menschen in vergangenen Leben waren. Die Entwicklungsaufgabe ergibt sich in diesem Leben, und das ist der Sinn der Begegnung. Rückführungen in vergangene Leben sind also eigentlich nicht nötig.

Allzu hart braucht man mit der Ablehnung von Rückführungen aber auch nicht sein. Schädlich ist eine solche Karmaerkenntnis nicht. Sie kann auch unter Umständen sehr nützlich sein, um die Bedeutung einer Begegnung im jetzigen Leben zu unterstreichen. Doch freibleibend muss das Resultat daraus sein. Oftmals wird Karmaerkenntnis missbraucht. Dies ist wichtig zu bedenken für karmische Motive, die eine Person in der Schuld einer anderen zu sein erscheinen lassen. Beispielsweise wurde im vergangenen Leben ein Verbrechen am anderen verübt. Daraus wird die Existenz einer «karmischen Schuld» abgeleitet. Die karmische Schuld muss man aber von einer normalen Schuld unterscheiden. Wichtig ist zu verstehen, dass eine Schuld nur für das vergangene Leben bestand. Man darf nicht aus der

Karmaerkenntnis heraus eine Schuld für dieses Leben und daraus notwendig eine bestimmte Verhaltensweise für den damals Schuldigen ableiten. Die karmische Schuld führt zu einer Wiederbegegnung beider Personen in diesem Leben und führt zu einem bestimmten Motiv oder einer Stimmung in der Begegnung. In dieser dann wahrscheinlich problematischen Begegnung ist dann etwas zu lösen. Was das ist, ist jeweils individuell herauszufinden.

Karmaerkenntnis

Sofern man sich auf seinem Schulungsweg nicht eine ausgeprägte Fähigkeit zur übersinnlichen Intuition erarbeitet hat, sind die beschriebenen Erkenntnisse durch das Mittel der Meditation zu erlangen. Wie eben ausgeführt sind spirituell gesehen ein damaliges und das heutige Leben kongruent, man arbeitet und arbeitete an derselben übersinnlichen Substanz. Lediglich der Kalender ist verschieden.

Somit ist eine übersinnliche Karmaerkenntnis eigentlich sehr einfach. Zwischen den vergangenen Leben liegt übersinnlich sozusagen nur ein Seidenschleier. Jeder Augenblick dieses Lebens ist unmittelbar mit Situationen vergangener Leben verbunden.

Für die Meditation braucht es einen geleerten Bewusstseinsraum, ein Objekt, über das meditiert wird und eine im Hintergrund mitschwingende Frage, die den Erkenntnisvorgang als Dialog mit der geistigen Welt initiiert (siehe Kapitel 6).

Will man also eine Erkenntnis über die Bedeutung einer bestimmten Situation in diesem Leben gewinnen, genügt es, bei möglichst geleertem Bewusstseinsplateau (mit anderen Worten: nichts denken) genau diese Frage nach der Bedeutung (sie ist das Objekt der Meditation) zu stellen. Oder man stellt die Frage, wie denn zum Beispiel die Begegnung mit der jeweiligen Person heutzutage sich damals gestaltete. Als Antwort der geistigen Welt stellt sich unmittelbar ein inneres Bild ein, welches Aufschluss darüber gibt. Woher kenne ich diese Person aus vergangenen Leben? Welche signifikante Begegnung hatte ich in vergangenen Leben mit dieser Person? Es ist durchaus hilfreich, mit verschiedenen Fragestellungen zu experimentieren, um herauszufinden, welche sich erweist, am zielführendsten zu sein.

* * *

Zu Studentenzeiten machte ich Urlaub auf einer Nordseeinsel. Als ich am Strand entlang ging, kam mir aus der entgegengesetzten Richtung eine Gruppe junger Frauen entgegen. Mit einer von ihnen kreuzte sich mein Blick – und wir konnten den Blick nicht mehr voneinander lassen. Es war ein ungeheuer starker und tiefer Moment wie ein Wiedererkennen. In diesem Leben waren wir uns noch nie begegnet, doch fielen wir uns in die Arme und eine tiefe Freundschaft begann. Als ich später an unseren Inkarnationsreihen forschte, stellte sich heraus, dass wir früher schon zweimal familiär verbunden waren.

Eine Patientin heiratete im mittleren Alter erneut. Ihr neuer Partner hatte einen 12-jährigen Sohn. Ohne dass diese sich jemals vorher gesehen hatten, herrschte zwischen dem Sohn und ihr vom ersten Moment an Krieg. Das ist einer der wenigen guten Gründe, an Situationen vergangener Inkarnationen zu arbeiten, denn in diesem Leben war logischerweise nichts zu finden. Es stellte sich dann heraus, dass der Sohn im letzten Leben an ihr eine Gewalttat verübt hatte. So konnten wir an den Emotionen dieser Situation arbeiten und die Gefühle von Angst und Hass auflösen. In der Begegnung mit dem Sohn in diesem Leben zeigte sich unmittelbar eine positive Wirkung.

Ein 73jähriger Patient hatte sich ein Leben lang auch auf Druck der Familie mit der Betreuung seiner behinderten Schwester verausgabt. Er entwickelte eine Fibromyalgie, also chronische Schmerzen ohne organische Ursache. Wir machten sozusagen eine übersinnliche Expedition in die über die Jahrzehnte abgelagerte Astralität im Bereich des Nackens und der Schultern und der Patient konnte diese Schicht für Schicht abtragen: «Hinuntergedrückt werden – Ohnmacht – mir wird mein eigener Wille geraubt – hilflos – Traurigkeit – Mitleid mit der Mutter – innere Zerrissenheit». Nach der Reaktualisierung und Auflösung dieser Gefühle seitens des Patienten konnte er an der Stelle eine Leichtigkeit, Ernsthaftigkeit und Aufrechte spüren, die sich zu einem Gefühl von «Ich kann das!» und «Ich stehe zu mir!» wandelten.

Nach einer gleichartigen Arbeit an verschiedenen Stellen wurde der Patient fast gänzlich schmerzfrei.

Kapitel 10
Wahrnehmung von Verstorbenen

> Mich lässt der Gedanke an den Tod
> in völliger Ruhe. Ist es doch so wie
> mit der Sonne: Wir sehen sie am
> Horizont untergehen, aber wissen,
> dass sie «drüben» weiter scheint.
>
> *Johann Wolfgang von Goethe*

Das Thema «Verstorbene» ist deutlich lebendiger, als man zunächst denken mag. Die meisten Leute glauben, die Verstorbenen befänden sich auf dem Friedhof. Da liegen aber nur Leichen. Die sind wirklich tot und spirituell nicht mehr so interessant. Was ist also nun mit «der Verstorbene» gemeint? Wie zu Beginn des Buches beschrieben ist das Lebendige nur lebendig, weil eine übersinnliche Sphäre, der Ätherleib, seine «schützende Hand» über das fragile organische System hält. Der Leib zerfällt, wenn sich beim Tod der Ätherleib zurückzieht. Was bleibt übrig? Der Kern unserer Persönlichkeit, das, was «Ich» zu uns sagen kann, das Zentrum unseres Bewusstseins. Dazu bleibt die Sphäre erhalten, die unser Gefühlsleben konstituiert, der Astralleib. In einfacheren Worten – Seele und Geist. Es bleibt also all jenes erhalten, was fühlen kann und Bewusstsein hat. Was ist ein Verstorbener also anderes als ein Mensch wie Sie und ich? Es gibt nur keinen Körper mehr.

Wo sind die Verstorbenen denn? Diejenigen, die nicht glauben, dass die Verstorbenen auf dem Friedhof sind, glauben üblicherweise, sie wären im Himmel. Das ist zumindest nicht falsch. Das ist aber nicht irgendwo auf Wolke sieben, der Himmel ist ein Bewusstseinszustand. Hier droht für viele Menschen der nächste spirituelle Kulturschock: Die Verstorbenen sind – hier.

* * *

Zu Lebzeiten haben wir Menschen und Orte geliebt. Das ändert sich nachtodlich zunächst nicht, es relativiert sich nur mit der Zeit. Menschen berichten immer wieder, sie würden die Gegenwart ihrer verstorbenen Freunde oder Verwandten spüren, bei sich oder in ihren Wohnungen. Übersinnlich gesehen ist das völlig naheliegend. Es gibt fünf verschiedene Möglichkeiten, wie die Verstorbenen sich spürbar auf uns beziehen können, und wie wir mit ihnen in Kontakt treten können.

Doch zunächst ein Überblick über die nachtodlichen Prozesse, die ein Verstorbener durchschreitet.

Die Vorgänge nach dem Todeszeitpunkt

Beim Tod verlässt der Astralleib den physischen Körper. Der Ätherleib – also der Leib, der den Körper am Leben erhalten hat – löst sich ebenfalls ab. Dieser Vorgang dauert deutlich länger als das Ablösen des Astralleibes, nämlich etwa drei Tage. Das ist die Zeitdauer, während der früher die Totenwache gehalten wurde. Der Verstorbene erlebt nach dem Tod eine tiefgreifende Änderung seines Bewusstseins. Der Träger dieses Bewusstseins ist der ich-durchzogene Astralleib. Unmittelbar nach dem Tod breitet sich das Leben des Verstorbenen für eine kurze Zeit wie ein Panorama vor ihm aus und es ist ihm möglich, zur Erkenntnis der Essenz dieses Lebens zu kommen. Danach beginnt eine lange Phase des Durcharbeitens jeder Situation seines Lebens. Dieses Durcharbeiten beginnt am Ende des Lebens und geht zurück bis hin zur Geburt. Diese Zeit wird «Kamaloka» genannt. Sie entspricht dem, was in der christlichen Kirche Fegefeuer genannt wird. Übersinnlich ist das verständlich, weil – wie in Kapitel 2 ausgeführt – Gefühle übersinnliche Realitäten sind und als Elementale eine andauernde Präsenz haben. Diesen Elementalen begegnen wir wieder in der umgekehrten Reihenfolge, in der wir sie erzeugt haben und müssen uns mit ihnen auseinandersetzen.

Imaginativ kann man sehen, dass sich nach dem Tod der Astralleib, der ja vorher den gesamten Körper mindestens 30 cm in jeder Richtung überragte, sich zu einer Kugel von etwa 40 cm Durchmesser verdichtet. Diese Astralkugel enthält sämtliche geistigen Wesensglieder der Person, so also auch das «Ich», also jene Entität, die auch schon zu Lebzeiten Träger des Bewusstseins unseres Selbst war.

Der Verstorbene – also sein geistdurchzogener Astralleib, die oben erwähnte Astralkugel – begibt sich nach dem Tod an einen bestimmten Ort in der physischen Welt. Wir alle sind nach dem Tod zunächst in einer positiven Weise erdgebunden. Wir haben Menschen geliebt, wir haben Orte geliebt. Diesen Menschen und Orten bleiben wir zunächst verbunden. So finden wir die Verstorbenen an genau den Orten, an denen sich auch die Lebenden aufhalten. All die Lieblingskneipen, die Cafés, die Shopping Malls sind voll mit Verstorbenen. Dagegen halten sie sich beispielsweise im Wald kaum auf. Und natürlich findet man sie in den Wohnungen, die sie zu Lebzeiten bewohnten.

Der Übergang vom Kamaloka in die geistige Welt

Die Zeit des Kamaloka – an einem bestimmten Ort hier auf der Erde ausgetragen – in der der Verstorbene mit den Szenen seines Lebens konfrontiert wird, dauert etwa ein Drittel seiner vergangenen Lebenszeit. Dann löst sich der Astralleib auf und die ihn vorher durchziehenden geistigen Leiber weiten sich aus. Erst dann relativiert sich der Ort in der physischen Welt, den sich der Verstorbene als Ort seines übersinnlichen Aufenthaltes wählte. Der Verstorbene wird mehr und mehr sphärisch. Ein konkreter Aufenthaltsort in der physischen Welt ist nun nicht mehr auszumachen. In der inspirativen Ansprache ist nun zu erleben, dass dem Verstorbenen das konkrete Bewusstsein des vergangenen Lebens – zum Beispiel ob er ein Mann oder eine Frau war – immer weniger präsent ist. Schließlich verliert der Verstorbene den Bezug zur physischen Welt und lebt rein geistig. Er breitet sich in der geistigen Welt aus. Dieser Zustand wird in der christlichen Kirche «im Himmel sein» genannt.

Dort bleibt man aber nicht bis zum «jüngsten Gericht», sondern nach einiger Zeit wird der Weg zurück in die physische Welt gesucht. Der Mensch inkarniert sich wieder. Wir Lebenden sind die Verstorbenen von einst. Genauer wurde auf diese Zusammenhänge im Kapitel 9 (Wahrnehmung des Menschen) eingegangen, vertieft werden diese im nächsten Kapitel (Das Wesen der Substanz).

Wahrnehmung von Verstorbenen

Verstorbenenbezüge in der Aura

Vereinfacht gesagt hat jeder Mensch Verstorbene in seiner Aura. Genauer gesagt sind es nicht die Verstorbenen selbst, sondern ihr Augenmerk auf uns, ihr Bewusstseinsfokus, der sich im Astralleib im Rückenbereich abbildet. Übersinnlich ist dies imaginativ als astrale Verdichtungen in halbem Armabstand vom physischen Körper wahrnehmbar, über die man die Verbindung zu einem bestimmten Verstorbenen imaginativ verfolgen kann. Es ist möglich – auch wenn man nicht über die Fähigkeit zur imaginativen Wahrnehmung verfügt – in diesen rückwärtigen Raum hineinzuspüren und auf diese Art wahrzunehmen, an welchen Stellen sich ein Kontakt zu einem Verstorbenen ergibt.

Das ist methodisch ein meditativer Ansatz, denn Sie haben eine Frage an die geistige Welt, über die Sie nicht nachdenken, sondern auf die die geistige Welt antwortet – Sie erleben die verbundenen Persönlichkeiten.

Im rückwärtigen Bereich der Aura trifft man üblicherweise auf Persönlichkeiten, die man im eigenen Leben kannte. Die Verstorbenen setzen sich nicht zufällig in Bezug auf uns, sondern sie wollen uns Lebende bewusst und willentlich unterstützen. Sie stehen stärker als wir in den Sphären der geistigen Welt und können uns Impulse des Guten, Schönen und Wahren vermitteln. Hier zeigt sich eine grundsätzliche Qualität der Beziehung zwischen Lebenden und Toten. Es geht um gegenseitige Hilfe, denn – das sei schon einmal vorangestellt – auch wir können sie erreichen.

Die gerade beschriebene Bezugsetzung der Verstorbenen auf uns ist ortsunabhängig. Der Verstorbene hat aber einen Erdenort gewählt, an dem er sich aufhält, wie anfänglich in diesem Kapitel beschrieben.

Auch wenn man nicht über die Fähigkeit verfügt, imaginativ wahrzunehmen, kann man sich der Präsenz der Verstorbenen an diesem Ort sehr klar bewusst werden. Wenn wir Menschen uns zu Lebzeiten begegnen, spüren wir unmittelbar, ob uns die Nähe der Person angenehm oder unangenehm ist. Wir können diese Gefühle erleben, weil sich unsere Astralleiber überlappen, was uns als Folge von Resonanz (siehe Kapitel 2) unmittelbar ins Bewusstsein tritt. Auch bei den Verstorbenen ist dieser Astralleib ja noch vorhanden und wir können mit ihnen in eine solche Resonanz treten. Dies bedeutet, wir können die Nähe von uns bekannten Verstorbenen spüren, weil wir dieses Gefühl eben genau dieser Nähe kennen. Auf dieselbe Weise kann auch die Präsenz unbekannter Verstorbener gespürt werden, doch muss man natürlich erst einmal auf die Idee kommen, dass es sich dabei um Verstorbene handelt.

Immer wieder berichten Menschen, sie hätten den Eindruck, ein geliebter Verstorbener wäre noch in ihren Wohnräumen anwesend. Ein solcher Eindruck kann dann übersinnlich betrachtet bestätigt werden. Methodisch handelt es sich hier um direkte Resonanz mit dem Astralleib.

Man kann auch das Bewusstsein des Verstorbenen wahrnehmen, wenn man von der äußeren imaginativen Betrachtung des Verstorbenen als kugelförmige Astralsphäre zu einer inneren Betrachtung fortschreitet, also sozusagen mit dem Bewusstsein in diese Kugelsphäre eintritt. Man sieht ihn dann imaginativ in Szenen seines Lebens. Der Verstorbene ist dabei inspirativ «ansprechbar». Interessant ist, wie eine solche inspirative Unterhaltung im Bewusstsein erscheint. Die eigenen Gedanken, die an ihn gerichtet sind, werden wie außerhalb von einem selbst wahrgenommen. Man «hört» sich also selbst wie im Verstorbenen denken. Seine Antwort erscheint als ein Denken in einem selbst, doch ist man es nicht selbst, der denkt.

Man kann nur dazu animieren, es einmal auszuprobieren. Viele Menschen erleben dann die Überraschung, dass die Fähigkeit zur Inspiration offensichtlich schon eingetreten ist.

Es ist übrigens ein weit verbreiteter Irrtum zu glauben, dass man den Verstorbenen so in seinem Kamaloka stören würde! Man möge bedenken, dass der Verstorbene neben dem Durcharbeiten seiner Lebenssituationen auch zugleich sein Augenmerk auf seine geliebten Freunde und Verwandte richten kann, wie es zu Beginn des Kapitels beschrieben wurde.

Insofern ist es auch möglich, Verstorbene anzusprechen. Hier sind die Grenzen der sprachlichen Beschreibbarkeit erreicht. Es ist nicht «sprechen» gemeint, sondern «denken». Ein Denken in die «Richtung des Verstorbenen», wobei es keine Richtung gibt, es geht um Bezugsetzung.

Eine Richtung gibt es, wenn der Astralleib des Verstorbenen sich im selben physischen Raum wie man selbst befindet.

Um einen Verstorbenen anzusprechen, muss man gar nicht übersinnlich wahrnehmen können. Jedes Wesen kann zu jeder Zeit von jedem erreicht werden. Erhält man eine entsprechende Antwort, handelt es sich um Inspiration. Wenn es einseitig bleibt, hat es das Wesen doch erreicht. So etwas ist ja auch beim Gebet der Fall, bei dem konkrete Antworten meistens nicht unmittelbar erwartet werden.

Das Rufen von Verstorbenen

Es ist auch möglich, Verstorbene «herbeizurufen». Die Verstorbenen erscheinen dann auch üblicherweise, wobei «erscheinen» für übersinnliche Wesen nicht ganz das richtige Wort ist. Sie sind dann klar als geistdurchzogener Astralleib anwesend. Sofern derjenige, der den Verstorbenen gerufen hat, zur übersinnlich imaginativen Wahrnehmung fähig ist, erscheint der Verstorbene nicht als Astralball, sondern in seiner aus Lebzeiten bekannten, physischen Form. Er erscheint als sein Abbild, als bekleidete menschliche Gestalt, doch besteht die ganze Gestalt aus geistdurchzogener Astralsubstanz.

Man mag sich aber durchaus fragen, wozu es sinnvoll wäre, einen Verstorbenen zu rufen. Es ist nämlich nicht nötig. Wie schon erwähnt, kann man jeden Verstorbenen zu jeder Zeit erreichen. Dazu ist seine Präsenz im Raum nicht notwendig. Weiterhin haben sie uns nicht verlassen und das Augenmerk unserer lieben Freunde und Verwandten ist auf uns gerichtet. Es gehört zu den Aufgaben der

Hinterbliebenen, die gewohnte physische Gegenwart der Verstorbenen loszulassen. Das ist aber natürlich viel leichter gesagt als getan.

Meditative Wahrnehmung von Verstorbenen

Wie schon in Kapitel 6, «Meditation», dargestellt, ist es möglich, historische Persönlichkeiten zu meditieren und auf diese Art etwas über ihren Charakter und ihr Leben – und natürlich auch über ihren nachtodlichen Zustand zu erfahren. Was man wahrnimmt, hängt nur von der Frage ab, die man bezüglich des Meditationsobjektes Person gegenüber der geistigen Welt in seinem geklärten Bewusstseinsplateau hat.

Für einen solchen Vorgang muss die Person aber selbstverständlich gar nicht berühmt sein. Sie können den nachtodlichen Zustand jedes Verstorbenen auf die gleiche Weise meditieren.

Das Meditationsobjekt ist durch einen klaren Begriff gekennzeichnet: Den Namen der verstorbenen Person. Fragen Sie einfach, wie es der betreffenden Person geht und lassen Sie jedes Nachdenken über einen möglichen, vermuteten Zustand weg. Die geistige Welt wird Ihnen antworten und selbst als Anfänger im Bereich der Meditation werden Sie diese Antwort klar interpretieren können.

Gründe für das Verbleiben im negativ erdgebundenen Zustand

Zunehmend finden sich Verstorbene, die nicht in das Kamaloka eingetreten sind. Sie verbleiben an einem bestimmten Ort, wie auch die Kamaloka-Verstorbenen. Die letzteren haben sich in positiver Weise mit Orten verbunden. Die nicht ins Kamaloka eingetretenen Menschen sind dagegen in negativer Weise an die Erde gebunden, «erdgebunden» genannt. Wie kann es dazu kommen?

Unmittelbar nach dem Tod tritt man in einen entscheidenden, kurzen Zeitabschnitt ein. Es erfolgt der Moment, in dem zeitlich sehr begrenzt der panoramahafte Überblick über unser Leben zur Verfügung steht und in dem die Begegnung mit unserem persönlichen Engel stattfindet. Diese Begegnung mit dem Engel ist notwendig, damit das Kamaloka beginnen kann. Aber – das ist ganz wichtig zu sagen – sie ist eine bewusste Entscheidung aus freiem Willen. Man muss diese Begegnung wollen – beziehungsweise wollen können. Hier gibt es mannigfaltige Gründe, weswegen dies nicht geschehen kann.

Der Hauptgrund, dem eigenen Engel nicht begegnen zu können, ist extremer Materialismus. Man kann sich natürlich fragen, wer denn heutzutage nicht materialistisch denkt! Gemeint ist die extreme Verneinung der Existenz von etwas der Materie Übergeordnetem. Diese Menschen fallen auch schon zu Lebzeiten mit einer solchen Einstellung auf. Gedanken und Gefühle sind eigenständige Wesenheiten. Wenn wir uns als lebende Menschen mit Gedanken solcher Art unentwegt umgeben haben, verbleiben wir nachtodlich in dieser von uns selbst gedachten Welt. Diese Welt wird von solchen Menschen stärker erlebt als die sie umgebende übersinnliche Welt. So gibt es keine weitere Entwicklung mehr, man ist abgeschnitten von seinen nächsten Inkarnationen und verbleibt im «erdgebunden» Zustand.

Ein weiteres Problem heutzutage ist das Versterben unter dem Einfluss von Morphinen, wie sie häufig im Endstadium der Krankheit Krebs eingesetzt werden. Der Mensch soll frei von Schmerzen sein, doch ist mit der Verwendung solcher Medikamente immer auch eine Bewusstseinstrübung verbunden. Es scheint, dass ein möglichst bewusst erlebter Todeszeitpunkt förderlich für ein bewusstes Dem-Engel-Gegenübertreten ist.

Häufig wird angenommen, dass Selbstmord ein sicheres Kriterium für das anschließende Erdgebundensein wäre. Dem ist nicht so. Tatsächlich sind viele Menschen, die sich das Leben nahmen, nicht in der Lage, in das Kamaloka einzutreten, doch ist dies keine generelle Regel. Hier sind immer individuelle Begebenheiten ausschlaggebend.

Ein ganz anderer Typus von erdgebundenen Verstorbenen sind jene, die ihrem Engel nachtodlich nicht begegnen wollen und so nicht ins Kamaloka eintreten.

Hier findet man solche, die aus einem gewissen religiösen Bekenntnis heraus glauben, sie hätten es nicht verdient, in den Himmel einzutreten. Wenn man das ganze Leben schon der Ansicht war, sich die Gnade Gottes hart erarbeiten zu müssen und diesem eigenen Anspruch nie genügen zu können, setzt man dies leicht nachtodlich fort.

Dann gibt es die Gruppe derer, die aus anderen Gründen nicht ins Kamaloka eintreten wollen – ebenfalls aus einem bestimmten religiösen Hintergrund heraus. Sie glauben irrtümlich, sie würden nicht in den Himmel, sondern in die Hölle kommen. Meistens haben sie wirklich etwas auf dem Kerbholz! So entscheiden sie sich für den aus ihrem Blickwinkel sicheren Weg und verbleiben in der Schattenwelt zwischen Himmel und Erde. Genaugenommen haben sie sich aber damit für die Hölle entschieden. Was kann es Schlimmeres geben, als von seinen weiteren Inkarnationen abgeschnitten zu sein? Solche Menschen sind wohlbekannt. Mit landläufigem Namen heißen sie «Gespenster». Gespenster sind sich ihres Zustandes vollbewusst. Sie sind weiter mit ihrem ungeläuterten Astralleib an ihren alten Wirkorten anwesend und somit in astraler Resonanz wahrnehmbar. Das ist üblicherweise unangenehm. Der Astralleib ist unbearbeitet, denn dies geschieht erst im Kamaloka. Somit sind negative Eigenschaften und Gefühle noch anwesend. Insbesondere ist die Präsenz von Gespenstern ebenfalls unangenehm, denn ein weiteres Problem des Erdgebundenseins ist, dass diese Verstorbenen ätherische Kraft, also die Lebenskraft der Lebenden abziehen und diese somit schwächen. Äther ist sozusagen die universelle Energiewährung in den übersinnlichen Welten. Dieser wird für die weitere Entwicklung benötigt und steht einem Verstorbenen außerhalb der natürlichen Zusammenhänge nicht mehr zur Verfügung. Sehr zu Recht werden also Gespenster eher als unangenehme Zeitgenossen erlebt!

Häufig wird aber vergessen, dass es sich bei diesen um Menschen in Not handelt. Es sind Menschen, die ihren ordnungsgemäßen und weiterführenden Weg nach dem Tod nicht finden konnten. Ob dies aus eigenem Entschluss geschah, ist zweitrangig. Beim Erdgebundensein handelt es sich generell um ein humanitäres Problem, denn erschreckend viele Menschen befinden sich in diesem beklagenswerten Zustand.

Das Erlösen erdgebundener Verstorbener

Die Gründe für das Erdgebundensein lassen sich zwar kategorisieren, doch handelt es sich immer um Individuen, die in diesen Zustand gelangt sind. Um ihnen zu helfen, ist auch eine individuelle Ansprache am zielführendsten. Ansprache heißt, dass ein inspirativer dialogischer Kontakt erfolgen muss (siehe Kapitel 4). Hilfreich ist dabei, die Inspiration mit der Imagination verbinden zu können, also wie zu sehen, wo der Verstorbene lokalisiert ist und in welcher Bewusstseinssituation er sich befindet.

Einen aus überzeugtem Materialismus in diesen Zustand gelangten Verstorbenen muss man davon überzeugen, dass es noch eine Welt außerhalb seiner selbstgedachten gibt. Genaugenommen muss man ihn sogar davon überzeugen, dass er gestorben ist! Das ist diesen bedauernswerten Menschen nämlich meistens nicht bewusst. Oft ist es gar nicht so schwer, das zu erreichen, da einem solchen Verstorbenen nach langer Zeit des Verharrens in diesem Zustand selbst auch schon aufgefallen ist, dass irgend etwas nicht recht stimmen kann. Hier ist es dann hilfreich, in inspirativen Kontakt mit dem Engel der Person zu treten, mit dem Wunsch, dass dieser sich dem Verstorbenen besonders bemerkbar mache, was durch eine Erhöhung der Leuchtkraft des Engels geschieht. Sofern der Verstorbene einem glaubt – was das Hauptproblem ist – kann er den Versuch unternehmen, hinter seine eigenen Kulissen zu blicken.

Wenn es ihm gelingt, seinen Engel wahrzunehmen, ist das Problem nahezu gelöst. Ein Engel ist eine eindrucksvolle Erscheinung und die Begegnung mit ihm – die dann den Beginn des Kamalokas auslöst – erfolgt meist unmittelbar. Der Mensch ist, wie erwähnt, das einzige Wesen mit einem freien Willen. Der Engel kann nicht aus sich heraus entscheiden zu handeln. Es braucht den Menschen, der einen Bezug zwischen dem Verstorbenen und seinem Engel herstellen kann.

Der unter Einfluss von Morphinen verstorbene Mensch ist meistens einfacher zu behandeln, da dieser Zustand nicht aus Überzeugung, sondern aus Orientierungslosigkeit vorliegt. Hier ist oftmals eine inspirative Zuwendung richtungsweisenden Charakters – also auf den wartenden Engel hinweisend.

Diejenigen Verstorbenen, die nicht ins Kamaloka eintreten wollen, sind grundsätzlich viel schwerer zu behandeln. Beim materialistischen Verstorbenen, der die umgebende geistige Welt nicht sieht, genügt es, ihn vom Vorhandensein einer Welt außerhalb seines gedachten Raumes zu überzeugen. Eine Hinwendung seinerseits zu dieser geistigen Welt wird die Ausführungen des inspirativen Gesprächspartners unmittelbar bestätigen. Die Verstorbenen, die aus einer jeweiligen religiösen Überzeugung nicht ins Kamaloka gehen wollen, werden die Richtigkeit der Angaben des Zuwendenden nicht erkennen, bevor sie den Schritt ins Kamaloka gemacht haben. Sie müssen dem Menschen glauben, der mit ihnen spricht. So hängt es von der Überzeugungskraft der sich zuwendenden Person ab, ob die verstorbene Person glaubt, dass es doch eine Gnade Gottes gibt, die sie auch verdient hat. Das Gespenst muss annehmen können, dass es in einer Sackgasse ist, aus der es auch in Millionen von Jahren ohne seine eigene Aktivität keinen Ausweg gibt, dass es bereits in der Hölle ist und dass es dennoch einen vollständigen Neuanfang geben kann. Es muss der Person glauben, die sich ihm zuwendet! Hier ist Übung in der Gesprächsführung mit den Verstorbenen nötig. Ansonsten kann das Gespräch mühsam sein.

Es gibt allerdings eine Methode, mit der es auch ohne direkte inspirative Zuwendung und ohne Fähigkeit, Verstorbene imaginativ zu sehen, möglich ist, erdgebundene Verstorbene auf ihren richtigen Weg zu bringen. Dafür ist es notwendig, einen Raum von geistiger Präsenz zu schaffen, der für einen Verstorbenen unübersehbar und einladend ist. So stark und hell, dass die Geistigkeit unübersehbar durch die geistigen Mauern um den Verstorbenen scheint, so warm und liebevoll, dass ihr Eindruck eine vertrauensvolle Hinwendung des Verstorbenen ermöglicht. Texte religiösen Inhaltes – als prominentestes Beispiel seien hier die Seligpreisungen der Bergpredigt genannt – können dieses ermöglichen. Sie sind innerlich zu sprechen, an den Verstorbenen gerichtet. Das kann jeder, ohne über die Fähigkeit zur konkreten übersinnlichen Wahrnehmung zu verfügen. Und einem nicht geringen Teil der Verstorbenen ist auf diese Weise zu helfen. Das Gute ist, sollte es sich mangels vorhandener Imaginationsfähigkeit ergeben, dass es sich gar nicht um einen Verstorbenen handelt, den man da zu behandeln meint, sondern vielleicht nur um ein missgestimmtes Elementarwesen – einen Schaden richtet man so auf keinen Fall an!

* * *

Die größte Anzahl an erdgebundenen Toten, die ich jemals sah, war im Tower von London, gefolgt von der Kirche Saint Bartholomew the Greater in London. Beide Orte waren in früheren Zeiten Schauplätze vieler Hinrichtungen. Hier waren vor allem «Gespenster» zu finden. Diese Verstorbenen wussten also sehr wohl, dass sie verstorben sind und in ihrer Umgebung Unheil anrichten! Hinrichtungsstätten von Verbrechern sind Orte, an denen man sich gut überlegen muss, ob man sich der Verstorbenenwelt zuwenden sollte. Ich werde oft gefragt, ob der Versuch, übersinnlich wahrzunehmen, nicht auch gefährlich sein könne. Eigentlich nicht, ist die vereinfachte Antwort. Aber wer das Böse sucht, wird es auch finden. Wer also an einer solchen Stelle die mit großer Wahrscheinlichkeit und in großer Zahl vorhandenen erdgebundenen Verstorbenen als solche anspricht, sollte auch in der Lage sein, übersinnlich mit den Folgen umzugehen. Ansonsten handelt man sich eine Menge Probleme ein.

Der Ort, an dem ich die meisten unbewussten erdgebundenen Verstorbenen wahrnahm, war die «Kö», die Königsallee in Düsseldorf. Das ist das Zentrum der Stadt, die Prachtmeile, an der die Uhren für 30.000 € angeboten werden und die Pelzmäntel im Schaufenster hängen. Was ansonsten noch herumhing, waren die materialistischen erdgebundenen Verstorbenen, die in ihrer eigenen Wahrnehmung immer noch in ihren Cocktailpartys am Champagner nippten oder am Swimming-Pool saßen. Nun, die Hölle stellt man sich schlimmer vor. Wenn aber auf Ewigkeiten nichts anderes mehr passiert …

Jeder Verstorbene braucht eine individuelle Zuwendung. Einmal war ich von Besitzern eines 300 Jahre alten Hauses gefragt, nach möglichen erdgebundenen Verstorbenen zu schauen. Es waren immerhin acht, die sich im Laufe der Zeit dort eingefunden hatten.

Einer davon war offensichtlich ein zu Lebzeiten geistig Behinderter. Davon, jemanden als «seelenpflegebedürftig» anzuerkennen, war man in früheren Jahrhunderten oft meilenweit entfernt. So jemand wurde in einem Verschlag gehalten, in den man einmal täglich etwas Essen hineinwarf. Dieser arme Mensch, der zu Lebzeiten geistig sehr reduziert war, hatte nichts weiter gelernt, als sich vor der feindlichen Außenwelt zu verbergen. Es war, wie wenn er sich unentwegt seelisch zusammenkrümmen würde und einen unzugänglichen seelischen Innenraum bilden würde. Diese Geste behielt er nach dem Tod bei. Ich habe lange, sanft und sachte auf ihn einreden müssen, habe geistig so viel Licht geben müssen, bis er es endlich wagte, wie seinen Kopf zu heben und das Licht und seinen Engel zu erblicken. Nur dadurch, dass er endlich Vertrauen fassen konnte, war ihm der Weg ins Kamaloka möglich.

Es gibt auch erdgebundene Anthroposophen. Zugegeben – selten! Wenn man Dank der Vorträge Rudolf Steiners bis aufs i-Tüpfelchen haargenau weiß, was nach dem Tod passieren wird und sowieso immer schon die ausgeprägte Eigenschaft hatte, Angaben Rudolf Steiners dem eigenen Erleben vorzuziehen, kann man in einer solchen selbstgedachten Welt nachtodlich verbleiben. Der alte Witz, dass sich der Anthroposoph nachtodlich entscheiden muss zwischen dem Himmel und dem Vortrag über den Himmel, ist dann leider allzu wahr. Das Dumme ist, dass diese selbstgedachte Welt viel heller als die wirkliche erscheinen kann ... Einem solchen im Licht Verirrten, der das noch nicht einmal ahnt, zu helfen, ist leider besonders schwer.

Eine Waldorfschule gab mir den Auftrag zu überprüfen, ob sie ihren Konferenzraum auf Grund von Neubaumaßnahmen verlegen können. Es war eine Schule, die die Arbeit mit Verstorbenen sehr ernst nahm und in jeder Konferenz den Verstorbenen gedachte.

Ich fand eine große Anzahl von Verstorbenen im Konferenzraum. Doch nicht nur – wie es sonst häufig ist – gleichmäßig im Raum verteilt, sondern ringförmig im Raum angeordnet. Dort nämlich, wo die Lehrer im Kreis saßen! Es hatte den Anschein, als ob die Verstorbenen hinter den Lebenden stehen würden, um diese zu impulsieren und zu unterstützen. Das ist ein schönes Beispiel, wie sich übersinnlich konkret die Unterstützung der Verstorbenen zeigen kann!

Kapitel 11
Das Wesen der Substanz

> Kann mir einer sagen, wohin
> ich mit meinem Leben reiche?
> Ob ich nicht auch noch im Sturme streiche
> und als Welle wohne im Teiche,
> und ob ich nicht selbst noch die blasse, bleiche
> frühlingsfrierende Birke bin?
>
> *Rainer Maria Rilke*

In der nichtspirituellen Außenwelt gehört die Homöopathie eher zu den verlachten Heilungsformen. Durch Prozesse stufenweisen Verdünnens und Verschüttelns einer Substanz gelangt man schließlich zu Konzentrationen jenseits aller Vorstellungen von Wirksamkeit. Wenn beispielsweise «Sulfur C200» auf der Flasche des Heilmittels steht, wurde ein Stück Schwefel 200 Mal auf das Hundertfache verdünnt. Da schlägt der Chemiker die Hände über dem Kopf zusammen – es findet sich kein einziges Atom Schwefel im fertigen Medikament! Und dieses soll überhaupt ein Heilmittel sein können? Doch höchstens als Placebo! Wer aber die Homöopathie kennenlernt, der stellt fest, dass sie wirkt. Es gibt ja sogar höchst erfolgreiche homöopathische Tierbehandlungen – und diese Wesen wissen nun wirklich nicht, dass man Ihnen gerade ein Medikament verabreicht hat.

Anthroposophie lädt immer dazu ein, seine Denkweise zu erweitern. Wenn ein Medikament heilt, ohne dass es ein Molekülchen der Substanz enthält, die man eigentlich für das Heilmittel halten würde – dann müssen andere Prinzipien wirksam sein. Das bedeutet, das Physische ist eben doch nicht nur physisch, sondern es ist durchwirkt von Ebenen, die man mit den Augen nicht sehen kann. Und diese finden wir im Medikament.

In Kapitel 9 über die Wahrnehmung des Menschen habe ich erklärt, dass wir Menschen diese physische Erde mit ihrer Materie brauchen, damit wir uns inkarnieren und an den Widerständen dieser Welt entwickeln können. Über das «Wie» der Materiebildung habe ich noch kein Wort verloren. Das folgt jetzt als Darstellung der anfänglichen Forschungsergebnisse, die notwendigerweise noch lückenhaft sind.

* * *

Die übersinnliche Konstitution der Materie

In der Betrachtung der übersinnlichen Konstitution von Materie müssen drei verschiedene Bereiche von Aktivität und Kontext unterschieden werden:

1. Es lässt sich die Sphäre der wesenhaften intentionalen Hinwendung zum Gesamtprozess der Realisierung beobachten, die einen ebenfalls wesenhaft getragenen übersinnlichen Prozess der Materiebildung verursacht.
2. Es sind weitere übergeordnete geistige Ebenen wirksam (G5-7; siehe Anhang), die diesem Materiebildungsprozess ermöglichend entgegenkommen.
3. Es lassen sich die daraus resultierenden übersinnlichen Ebenen der realisierten Materie betrachten, die die Identität des Stoffes und ihre substanzeigenen Qualitäten sowie das Kontextbewusstsein tragen. Das Kontextbewusstsein ergibt sich aus dem Zusammenhang, in den die Materie nach ihrer Bildung durch den Menschen gebracht wird.

Das Ergebnis des dritten Bereiches lässt sich durch Imagination beobachten oder durch Resonanz erleben, die ersten beiden Bereiche sind durch Meditation oder Beobachtung in der freien geistigen Welt zugänglich.

Der erste Aktivitätsbereich wird von bestimmten hierarchischen Wesen, namentlich den Dynameis (Engel der Bewegung, «Mächte», lat. Virtutes) getragen. Diese geben den Auftrag an eine bestimmte Art von Elementarwesen der Gnomensphäre, geistige Substanz zur physischen Materie zu verdichten. Mit anderen Worten: Die Engel geben den Auftrag, die Gnomen führen die Arbeit durch, die verwendete geistige Substanz verschwindet durch die Arbeit der Gnome und wird physische Materie. Materie ist verdichteter Geist.

Die Art der gebildeten physischen Materie (Gold, Silber, Schwefel, Amethyst) ist abhängig sowohl von der hierbei verwendeten geistigen Substanz als auch der Spezifität des geistigen Auftrages.

Diese im übersinnlichen stattfindende Materiebildung ist aber nur möglich, wenn sie in ein geistiges Gefäß hinein erfolgt (zweiter Aktivitätsbereich). Dieses geistige Gefäß lässt sich auf den drei höchsten geistigen, devachanischen Ebenen G5, G6 und G7 beobachten. Diese drei Ebenen tragen einen jeweils verschiedenen Bewusstseinsinhalt. Auf der siebten devachanischen Ebene liegt eine klare, ruhige, wissende, hochbewusste Qualität vor, auf der sechsten devachanischen Ebene ist sie ruhig, durchdringend-berührend, sekundär das Herz wärmend und auf der fünften devachanischen Ebene kann sie als aktiv, willentlich durchdringend beschrieben werden.

Diese auf jenen drei Ebenen wahrgenommenen Qualitäten können als identisch mit den Entitäten «Vatergott», «Christus» und «Heiliger Geist», beziehungsweise als identisch mit dem «göttlichen Weltengrund» angenommen werden. Letzteres ist das oben genannte Gefäß, in das die Materiebildung erfolgt.

Dieses geistige Gefäß wird in jeder mineralischen Materie identisch vorgefunden und bildet eine Art universelle Grundmatrix, in die hinein die individuelle Materiebildung erfolgt. Aus dem Blickwinkel der jeweiligen Substanz geschaut, zeigt sich die Geistigkeit auf diesen höchsten geistigen Ebenen jedoch materiespezifisch individualisiert.

Der oben beschriebene Prozess der Materiebildung ist kontinuierlich aktiv. Die Bildung kommt nicht zur Ruhe, sondern der Akt der Verdichtung der Geistsubstanz wird von der Gnomensphäre unentwegt im geistigen Auftrag der Hierarchien aufrechterhalten. Würde dieser Prozess nicht andauern, würde sich die Materie unmittelbar in ihren geistigen Ursprung auflösen. Materie ist also nichts Feststehendes, sondern befindet sich immer im Prozess.

Die Gestimmtheit, Dynamik und Bewusstheit der beteiligten Gnomensphäre wird bei dem Prozess substanzspezifisch und kontextspezifisch erzeugt. Die Substanzspezifität ergibt sich aus dem individuellen Bildungsauftrag aus der 2. Hierarchie (siehe oben erwähnter erster Aktivitätsbereich), durch die die archetypische geistige Substanz herunter in den göttlichen Weltengrund verdichtet wird, die der Materie ihre Identität gibt. Die Kontextspezifität ergibt sich aus dem Zusammenhang, in den die vorliegende physische Materie durch Menschenhand gebracht wurde. Zur Kontextspezifität folgen in diesem Kapitel noch einige Beispiele (Gold, Augentrost und Löwenzahnpräparat).

Die resultierende, physisch vorliegende Materie lässt sich somit auf den sie umgebenden und durchdringenden ätherischen, astralen und geistigen Ebenen beobachten. Die ätherische und astrale Ebene um und in dieser Materie ist ihr aber nicht zu eigen, sie lässt sich den in dem Verdichtungsprozess tätigen Elementarwesen zuordnen. Diese tragen ein substanzeigenes, prozess- und kontextspezifisches Bewusstsein.

Der Ätherleib und Astralleib des Steines

Ein Stein hat also einen Ätherleib und einen Astralleib. Diese Wesensglieder sind beim Stein klar wahrnehmbar, nur sind sie eben Äther- und Astralleib der bei der Materiebildung beteiligten Elementarwesen und nicht ein eigener. Die Pflanze und das Tier dagegen haben zudem auch ihren eigenen Ätherleib als Lebenskräfteleib, zusätzlich besitzt das Tier auch seinen eigenen Astralleib als Seelenleib. Für die Konstitution der Materie der Pflanze und des Tieres gilt aber der oben beschriebene Zusammenhang genauso. Folglich haben die Pflanze und das Tier sowohl einen konstitutiven Ätherleib und Astralleib (den der aktiven Gnome) als auch einen persönlichen Ätherleib beziehungsweise Ätherleib und Astralleib. Das macht die imaginative Betrachtung an Lebewesen natürlich komplex.

Hier sei an das dialogische Prinzip der übersinnlichen Wahrnehmung erinnert (Kapitel 5). Wenn man sich auf die entsprechende Ebene imaginativ fokussiert, wird man sie selektiv wahrnehmen können. Man muss natürlich zunächst einmal von ihr wissen.

Über die Resonanz mit dem eigenen Äther- und Astralleib ist es dagegen einfacher, das Ätherische und das Astrale einer Substanz wahrzunehmen (Kapitel 2) - man muss nur unterschiedliche Steine, Kristalle, Metalle oder verschiedene Chemikalien an den Körper halten, idealerweise an die Herzchakraregion und dann die Wahrnehmungen vergleichen.

Identitäts- und materiekonstituierende geistige Ebenen der Substanz und das Wirkprinzip der Homöopathie

Nur auf Grund der Tatsache, dass es diese konstituierenden ätherischen, astralen und geistigen Ebenen an der physischen Materie gibt, ist es überhaupt möglich, ein homöopathisches Medikament aus einer mineralischen Substanz herzustellen. Ein homöopathisches Medikament wird generell durch einen rhythmischen Prozess des immer stärkeren Verdünnens hergestellt und ist deshalb wirksam, weil es die ätherische, astrale und/oder die geistige Ebene der Ursubstanz auf den Menschen überträgt. Bei einem Medikament pflanzlichen Ursprungs oder einem aus tierischen Substanzen hergestellten Medikaments ist eine Wirksamkeit offensichtlich, denn bei diesen sind Ätherleib bzw. Astralleib vorhanden. Die Wirksamkeit des homöopathischen

Medikamentes aus der mineralischen Substanz hingegen ergibt sich aus der diese Substanz konstituierenden Elementarwesensphäre.

Zur Herstellung eines homöopathischen Medikamentes wird eine Ausgangssubstanz (in der Homöopathie «Ursubstanz» genannt) auf das zehnfache verdünnt und anschließend werden zehn Schüttelschläge durchgeführt. Das heißt, dass das Gefäß mit der Lösung mit Schwung auf eine mittelharte Unterlage – der Begründer der Homöopathie, Samuel Hahnemann, nahm dazu eine Lutherbibel – aufgeschlagen wird. So erhält man eine D1-Potenz. Wiederholt man das noch fünf Mal, ergibt das eine D6-Potenz, usw. Bei einer einhundertfachen Verdünnung mit jeweils einhundert Schüttelschlägen beginnt eine C-Potenz-Reihe.

Um die Bedeutung der übersinnlichen Ebenen von Substanz generell zu erforschen, wurde elementarer Schwefel (= S für Sulfur) und elementares Kupfer (= Cu für Cuprum) übersinnlich beobachtet und mit den jeweiligen homöopathischen Mitteln Sulfur D30, Kupfer D30, Sulfur D200 und Kupfer D200 verglichen. Weiterhin wurde die chemische Reaktion von Kupfer und Schwefel durchgeführt. Das entstandene Kupfersulfid (Cu_2S) wurde übersinnlich mit den elementaren Ausgangssubstanzen sowie mit den homöopathischen Mitteln verglichen.

In der folgenden Tabelle ist vereinfacht dargestellt, welche übersinnliche Ebenen der Ursubstanz sich in ihren homöopathischen Substanzen finden lassen. Die Vereinfachung besteht darin, dass nicht angegeben ist, welches konkrete inhaltliche Ergebnis der Wahrnehmung auf welcher übersinnlichen Ebene erfolgte, sondern wo Übereinstimmungen zu finden waren. In der Senkrechten sind alle Wahrnehmungsergebnisse unterschiedlich, in der Waagerechten übereinstimmend, sofern das gleiche Symbol angegeben ist.

	S	D30	D200	Cu_2S	D200	D30	Cu	
Wä	•						*	
Li	•						*	
Kl	•						*	
Le	•						*	
As	•						*	
G1-3	•	•	•		*	*	*	
G4	•	•	•		*	*	*	Identitäts-konstituieren Ebenen
G5	•		•		*		*	
G6	•			(•*)			*	Materie-konstituieren Ebenen
G7	•			(•*)			*	

Die an der Materie wahrnehmbaren geistigen Ebenen lassen sich in identitätskonstituierende (G1-G5) und materiekonstituierende (G5-G7) unterscheiden. Letztere sind Teil des beschriebenen geistigen Gefäßes (göttlicher Weltengrund), das im Prozess der Verdichtung der Geistsubstanz der Materiebildung ermöglichend entgegenkommt.

Erstere tragen die Geistsubstanz in der Form der Spezifizität der realisierten Substanz.

Je höher die Potenzierung ist, desto höher im Geistigen befinden sich die übersinnlichen Ebenen der Ursubstanz, die auf das Mittel übertragen wurden. Das ist in der Tabelle im Unterschied der D30 und der D200-Potenz dargestellt. Die Arzneimittel tragen also die Identität von Schwefel oder Kupfer, nicht aber ihre Materialität.

Die anderen, nicht-identitätskonstituierenden Ebenen im homöopathischen Medikament sind völlig verschieden von den Ebenen in der Ursubstanz – denn es liegen ja als Träger der übersinnlichen Information üblicherweise Milchzuckerglobuli oder Alkohol vor.

Da das Reaktionsprodukt aus Kupfer und Schwefel, Kupfersulfid, bezüglich seiner Identität etwas völlig anderes als seine Ausgangsprodukte ist, sind auch die identitätskonstituierenden Ebenen im Kupfersulfid völlig unterschiedlich als die der Ausgangsstoffe. Kupfersulfid wurde aber aus den materiellen Substanzen Kupfer und Schwefel hergestellt – folglich sind die materiekonstituierenden Ebenen von Kupfer und Schwefel im Kupfersulfid beide noch vorhanden (•*) – im Gegensatz zu den identitätskonstituierenden Ebenen von den jeweiligen Substanzen.

Dieser Befund gilt aber lediglich für einfache Substanzsysteme, wie hier die Verbindung aus zwei chemischen Elementen. Wie die später angeführten Beispiele mit organischen Systemen wie bei Pflanzensubstanzen und tierischen Substanzen zeigen, sind dort die Verhältnisse komplizierter.

In niedrigpotenzierten Mitteln wie D6 oder D12 – die nicht Gegenstand dieser Untersuchungen waren – ist die

Hauptwirksamkeit in der Übertragung der ätherischen und astralen Ebenen der Ursubstanz auf den Patienten zu finden. Bei diesen Mitteln wirkt also das Astrale und Ätherische der Elementarwesen der mineralischen Ursubstanz in ihrer jeweiligen Kontextspezifität auf den Menschen.

Bildungsprinzip homöopathischer Mittel

In natürlicher physischer Materie liegt sozusagen inkarnierte Geistsubstanz vor. Beim Prozess der homöopathischen Arzneimittelherstellung des rhythmischen Verdünnens und Verschüttelns wird diese Schritt für Schritt exkarniert, aus der Ursubstanz herausgehoben. Das höhere Ziel der Geistsubstanz ist aber ihre Inkarnation in Form der reellen Materiebildung. Somit kann man sich den Vorgang der Bildung des homöopathischen Arzneimittels durch stufenweises Verdünnen und Verschütteln (Potenzieren) wie das Spannen einer Feder vorstellen. Je höher potenziert wird, desto stärker ist die Federspannung. Wird die Feder losgelassen, schnellt sie mit Kraft wieder zurück. Je höher die Potenz, desto stärker und übersinnlich höher wird die übersinnliche Substanz wieder inkarniert – nämlich bei der Einnahme des Mittels.

Entsprechend des Zielbereichs im Patienten kann so der intendierte Heilimpuls gesetzt werden – im Ätherischen, Astralen oder Geistigen.

Unbewusste Einwirkung des Menschen auf Substanz

Die Qualität eines homöopathischen Mittels ist notwendigerweise abhängig von der Qualität der verwendeten Ursubstanz, aus der es hergestellt ist. Übersinnlich wahrnehmbar wäre das bei folgendem Beispiel: Ein Goldnugget, das in Kalifornien aus den Händen des Goldgräbers erworben wurde, wurde mit einem etwa gleich großen Goldbarren einer Schweizer Bank verglichen. Zum besseren methodischen Verständnis: In der Tabelle sind zunächst die wahrgenommenen Imaginationen auf jeder übersinnlichen Ebene dargestellt. Dann ist das Ergebnis der Resonanz durch Ausdehnung des jeweiligen eigenen Wesensgliedes dargestellt (•) und schließlich das Ergebnis der Resonanz, wenn die jeweilige übersinnliche Qualität auf jeder Ebene in das eigene Wesensgliedergefüge hereingeholt wird (➢).

Je größer der Unterschied zwischen Nugget und Barren, desto dunkler ist die rechte Tabellenseitenleiste hervorgehoben.

	Übersinnlich konstituierende Ebenen der Substanz Gold	
	Goldnugget aus Kalifornien	Goldbarren einer Schweizer Kantonalbank
Wä	3 cm violette Hülle • harmonischer Wärmeraum ➢ lichtes Durchwärmen	3 cm violette Hülle • harmonischer Wärmeraum ➢ Durchwärmen
Li	6 cm radiale Hülle • königliches Strahlen in milder Zufriedenheit ➢ ruhiges Harmonisieren	5 cm dichte, heterogen strahlige Hülle • warme Ruhe ➢ dunkle Kühle
Kl	3 cm blaue Hülle • warmes, freudiges Durcharbeiten ➢ durchzieht den Körper	2 cm braungrüne Hülle • Arbeit unter Druck ➢ durchzieht den Körper mit Macht
Le	1 cm blaue Hülle • harmonische, freudige Wärme ➢ «goldene» Wärme strömt durch den Körper	1 cm grüne Hülle • ernste, herrische Wärme ➢ dichte Wärme strömt durch den Körper
As1	2 cm schwirrende Aktivität • harmonisches, rhythmisches Arbeiten ➢ ruhiges Weiten des Raumes	3 cm schwirrende Aktivität • rhythmisches Arbeiten ➢ dunkles Weiten des Raumes
As2	2 cm rotgrüne Hülle • freudig-leichte Aktivität ➢ belebende Glückseligkeit	2 cm rote Hülle • starke freudige Aktivität ➢ melancholische Freude
As3	2 mm leuchtende Sphäre • ruhiges Lauschen nach «oben» ➢ dichte Ruhe	2 mm leuchtende Sphäre • eifriges Lauschen nach «oben» ➢ dichte Ruhe
G1	10 cm dunkle Säule nach oben und unten • Geste der Verdichtung ➢ Geste der Verdichtung	7 cm dunkle Säule nach oben und unten • Geste der Verdichtung ➢ Geste der Verdichtung

G2	2 cm dunkelrote Sphäre • Ruhe in Dunkelheit ➢ harmonische Ruhe im Dunkeln	1,5 cm braunrote Sphäre • Ruhe in Dunkelheit ➢ harmonische Ruhe im Dunkeln
G3	2 cm aktive, rot-orange, zackig-strahlige Hülle • warme Freude vermittelnd ➢ zentriert in warmer Ruhe	1-2 cm blau-gelb zackig-strahlige Hülle • warme Freude vermittelnd ➢ zentriert in warmer Ruhe
G4	12 cm farblose Kugelsphäre • kalte Ruhe, «Gruft» ➢ fröstelnde Kälte	10 cm farblose Kugelsphäre • kalte Ruhe, «Gruft» ➢ fröstelnde Kälte
G5	10-13 cm braun-ockere Kugelschale • warme Ruhe als Potential ➢ Unruhe erzeugend	10-13 cm grüne Kugelschale • warme Ruhe als Potential ➢ Unruhe erzeugend
G6	Grüner Umkreisbezug ab 13 cm • liebevoll warm ➢ flüchtige Wärme im Ätherleib	Grüner Umkreisbezug ab 13 cm • liebevoll warm ➢ flüchtige Wärme im Ätherleib
G7	Strahlend gelber Umkreis • liebevoll das Zentrum meinend ➢ sanft im Zentrum verdichtend	Strahlend gelber Umkreis • liebevoll das Zentrum meinend ➢ sanft im Zentrum verdichtend

Deutlich wahrzunehmen sind große Unterschiede auf den ätherischen und astralen Ebenen. Beispielsweise ist die Qualität auf der Lichtätherebene beim Nugget («ruhiges Harmonisieren») und beim Barren («dunkle Kühle»), auf der Lebensätherebene («harmonische, freudige Wärme» im Vergleich zu «ernste, herrische Wärme») oder auf der zweiten astralen Ebene («belebende Glückseligkeit» im Vergleich zu «melancholische Freude») völlig unterschiedlich.

Beim Goldnugget kann man von einem naturbelassenen übersinnlichen Zustand des Goldes ausgehen, denn das Nugget war vor und nach dem Kauf keinen besonderen Prozessen oder Intentionen ausgesetzt. Über die Geisteshaltung des Goldgräbers kann keine Aussage getroffen werden. Das Gold des Goldbarrens hat viele Prozessschritte hinter sich. Möglicherweise wurde es in einer Goldmine unter ausbeuterischen Bedingungen geschürft, vielleicht aus dem Gestein mittels Quecksilber oder Cyanid extrahiert, vielleicht stammt es aus dem Anodenschlamm der Kupferraffinerie. Auf dem Weg zur Scheideanstalt und von der Scheideanstalt zur Bank wurde vielleicht verschiedener Handel mit unterschiedlichen Intentionen mit dem Gold getrieben. Und schließlich hat auch die Bank die bestimmte Intention, das Gold zu besitzen und zu verkaufen. Alle Vorgänge, denen das Gold ausgesetzt war, haben sich ätherisch und astral in die Gestimmtheit und das Bewusstsein der konstituierenden Elementarwesen eingeprägt. Die geistigen Ebenen dagegen sind nahezu identisch (siehe Tabelle). Das Gold ist also unverändert bezüglich Identität und Materie.

Bei der Herstellung eines homöopathischen Medikamentes aus dem Goldbarren würden bei der Potenzierung die unguten Einprägungen in die konstitutiven Ebenen auch im Medikament zu finden sein – es sei denn, es wird hoch potenziert. Bei der Herstellung einer Hochpotenz kämen die von der menschlichen Intention unberührten geistigen Ebenen zum Tragen.

Es lässt sich eine Lanze für verschiedene anthroposophische oder anderweitig auf spirituellen Grundlagen arbeitende Heilmittelhersteller brechen, die ihre Rohstoffe bezüglich der Herkunft sorgfältig auswählen. Bestimmte anthroposophische Pharmazieunternehmen verdampfen sogar mit der Absicht der Reinigung Metalle in einer mehrere tausend Grad heißen Flamme und verarbeiten den so aus dem kondensierten Metalldampf gewonnenen Metallspiegel.

Auch Menschen, die der Methodik der übersinnlichen Imagination noch nicht mächtig sind, können im Vergleich von gleichen Substanzen unterschiedlichen Ursprungs zu einer klaren auf Resonanz basierten Wahrnehmung kommen. Silbermünzen aus Feinsilber unterschiedlicher Länder, Meersalz im Vergleich zu Stein- oder Salinensalz sind gute Anwendungsbeispiele. Wie schon erwähnt reicht es aus, die Substanzen nacheinander in den eigenen Herzraum zu bringen und es wird sich unmittelbar eine klar differenzierbare Wahrnehmung einstellen.

Bewusste geistige Einwirkung des Menschen auf Substanz

Das oben erwähnte Gold hat bestimmte Prozesse durchlaufen, doch gab es keine bewusste, absichtliche geistige Zuwendung des Menschen auf das Metall. Das ist bei den folgenden beiden Beispielen anders.

In einem Forschungsprojekt eines anthroposophischen Arzneimittelherstellers wurde untersucht, wie sich eine Pflanze und die aus ihr gewonnene Urtinktur – also eine haltbare Lösung der Pflanzensubstanz als Basis für Medikamente und Kosmetika – übersinnlich unterscheiden. Als Pflanze wurde Euphrasia, der Augentrost, gewählt.

Zur Gewinnung der Ursubstanz wurde die geerntete Pflanze einem komplexen siebentägigen Prozess unterworfen, der aus einer, vereinfacht gesagt, rhythmischen Behandlung mit Wärme und Kälte sowie mit Licht und Dunkelheit bestand.

Aus technischen Gründen konnte die Methode der rückbezüglichen Resonanz (➢) nur bei der Urtinktur angewendet werden.

	Übersinnlich konstituierende Ebenen der Pflanze Euphrasia	
	Euphrasia, Augentrost, ganze Pflanze	**Euphrasia, ganze Pflanze, Urtinktur** **100 ml in 100 ml Braunglasflasche**
	frisch geerntet, 9 Pflanzen im Büschel	Handzerkleinerung
Wä	violettes Fließen um die Pflanzen • warme, harmonische Ruhe	gelb-orange, etwas funkelnd, nur in Flüssigkeit, dicht • warme, bewusste Ruhe ➢ hegenden Innenraum bildend, warm, gesegnet
Li	33 cm starkes Ausstrahlen, davon 22 cm konturlos, letzte 10 cm strahlig • lichter, umkreisorientierter Raum	22 cm heterogen-strahlige Hülle • warm-harmonisch-bewusster Raum ➢ im zarten Wärmemantel gehüllt in lichtem Raum
Kl	6 cm dynamische, wie umwälzende Hülle, vielfarbig hellblau, zentral gelb • wie suchend	2 cm lichte, blaue, dynamisch umwälzende Hülle • raumbewusst zur Tat bereit ➢ strukturverändernd im Brustbereich bis Augen einschließend, wie mit Gaze verhüllend
Le	1 cm gelbe Hülle • kraftvolle, gegründete Ruhe	rosenrot in Substanz • harmonisch freudig umschauend ➢ in mir selbst ruhig im Unterbauch zentrierend

As	8 cm kräftige dunkelrote Hülle, erfüllt von Aktivität kleiner, dynamisch bewegender Elementarwesen • freudevoll, fast jovial	27 cm lichte, hellrote Hülle mit gelben Einsprengseln, langsam entgegen Uhrzeigersinn bewegend • bewusst erwartungsvoll in die Weite schauend ➢ freudig strahlend aus dem Zentrum zum Umkreis wendend
G1-3	10 cm leichte, dunkle Hülle • offen für den Umkreis sein	flüssigkeitsbreite Säule, 30 cm nach oben und unten • liebevolles Punktbewusstsein aus dem Kosmos heraus («Kind in der Krippe») ➢ die Aufrechte in uns säulenförmig betonend, ohne Bodenkontakt
G4	17 cm orange-dunkel durchzogene Kugelsphäre • das Gleichgewicht haltend zwischen Punkt und Umkreis	dunkel-lichte Kugelsphäre 22 cm • raumbewusste Ruhe ➢ freudig dem Kosmos zuwendend in der Erwartung einer Zuwendung
G5	22-33 cm rot-blaue Kugelschale • sehr bewusste, warme Stärke	13-20 cm grün-ockerfarbene Kugelschale • heller Raum, leicht überspannt («exaltiert») ➢ freudig liebevoll berührt sein, sehr innenraumbewusst
G6	ab 35 cm hellblauer Umkreisbezug • durchgeistigte Vitalität	ab 22 cm hellblauer Umkreisbezug • lichte Vitalität ➢ das Ätherische warm durchziehend
G7	nur Umkreis, weinrot-orange • das Zentrum meinend, gründend	nur Umkreis, rot • das Zentrum meinend, Innenraum freilassend ➢ meinen physischen Körper sanft meinend

Die Euphrasia-Pflanze lässt sich insgesamt als harmonisch im Weltzusammenhang stehend beschreiben, wobei die einzelnen Qualitäten auf jeder Ebene als positiv beschrieben werden können. Hier seien exemplarisch «warme, harmonische Ruhe» (Wärmeäther), «kraftvoll gegründete Ruhe» (Lebensäther), «offen für den Umkreis sein» (G1-3) und «das Gleichgewicht haltend zwischen Punkt und Umkreis» (G4) genannt. Eine anfängliche Irritation («wie suchend», Klangäther) ist ebenfalls festzustellen. Eine Begründung dafür ist durch die Tatsache denkbar, dass die Pflanze im geernteten Zustand vorliegt und somit aus ihrem Naturzusammenhang herausgelöst wurde.

Die Qualitäten der übersinnlichen Ebenen der fertigen Urtinktur zeigen zusammengefasst wieder eine Raumorientierung wie die ursprüngliche Pflanze, jedoch auf einem höheren Bewusstseinsniveau. «Raumbewusst zur Tat bereit» (Klangäther), «harmonisch, freudig, umschauend» (Lebensäther), «bewusst erwartungsvoll in die Weite schauend» (Astral), «liebevoll punktbewusst aus dem Kosmos heraus» (G1-3) sind Befunde, die die Auffassung vertreten lassen, dass das Mittel, verbunden mit einem Willensimpuls, aus einem Bewusstsein des kosmischen Zusammenhangs eine sinnvolle Anwendung im Außenraum sucht. Attribute, die einem Heilmittel zugeordnet werden können.

„Hüllende», «wärmende», «zentrierende» und «umkreisbewusste» Qualitäten werden auf der Wirkebene im Beobachter hervorgerufen. Exemplarisch seien hier «freudig dem Kosmos zuwendend in der Erwartung einer Zuwendung» (G4) oder «hegenden Innenraum bildend, warm, gesegnet» (Wärmeäther) genannt, die der Verwendung als Medikament angemessene Qualität des Produktes kennzeichnen.

Die Untersuchung ermöglicht, diesen 7-Tages-Prozess nicht lediglich als ein Verfahren anzusehen, das der Haltbarmachung eines pflanzlichen Extraktes dient. Es zeigt sich eine tiefgreifende Änderung aller konstituierenden übersinnlichen Ebenen, die sich zu Gestiken zusammenfassen lassen, die im Bezug zur Heilmittelentstehung stehen.

Die Substanz reift im Sinne des Werdeprozesses des Heilmittels. Vorher wusste die Pflanze von sich und ihrem kosmischen Bezug, anschließend weiß sie, dass sie ein Heilmittel ist. Dafür hat es den Menschen gebraucht, denn nur der menschengemachte Dynamisierungsprozess konnte die Pflanze auf eine höhere Stufe heben.

Ein weiteres Beispiel, wie der Mensch sich auf Substanz beziehen und diese übersinnlich durchgreifend verändern kann, ist die Herstellung biologisch-dynamischer Präparate. Rudolf Steiner hat eine Anzahl von Angaben gemacht, wie durch eine spezifische Präparation Substanzen hergestellt werden können, die dem Kompost oder der Erde auf dem Feld einen bestimmten ätherischen und geistigen Impuls geben können. Vereinfacht gesagt handelt es sich hier um eine Art Homöopathie für den Erdboden.

Ein großer Demeterhof in Deutschland gab den Auftrag, die Herstellung des Löwenzahn-Präparates von den benötigten Grundstoffen bis zum fertigen Präparat übersinnlich zu verfolgen. Die Herstellung des Präparates geht vom Gekröse der Kuh (das Mesenterium, der Halteapparat des Kuhdarmes) sowie leicht angewelkten Löwenzahnblüten aus.

Zunächst wurden das Gekröse sowie die Löwenzahnblüten getrennt voneinander übersinnlich betrachtet. Es war festzustellen, dass die übersinnliche Konstitution und die Bezugsetzung des Organs beziehungsweise der Blüten zum Kosmos als völlig verschieden zu beschreiben war.

In den Imaginationen auf den verschiedenen übersinnlichen Ebenen konnten beim Gekröse Qualitäten wie «dicht» (Wä, Li) und «dynamisch» (Kl) vorgefunden werden.

Das Gekröse zeigt auch eine große Dynamik im geistigen Raum und einen Wesensbezug. Die als ungünstig zu beschreibenden Eigenschaften auf der Lebensätherebene (Le) und der astralen Ebene (As) sind der Tatsache zuzuschreiben, dass das Gekröse soeben aus einem organischen Lebenszusammenhang durch das Schlachten und Zerlegen des Tieres entfernt wurde. Mit anderen Worten – es kam frisch von der Kuh, die war dann natürlich tot.

Der Befund beim Löwenzahn ist erwartungsgemäß von dem des Kuhorgans völlig verschieden. Eine starke, lebendige Bewegtheit und ein ausgeprägtes dynamisches Wechselspiel zwischen Pflanze und Umkreis konnte beobachtet werden.

Die Herstellung des Löwenzahnpräparates beginnt damit, dass eine Handvoll Löwenzahnblüten in das flach liegende Kuhgekröse gegeben wird, dieses umgeschlagen wird, so dass die Blüten komplett bedeckt sind. Anschließend werden die Ränder vernäht. Das angehende Präparat ist also sozusagen ein Beutel aus Kuhgekröse, welches Löwenzahnblüten enthält. Dieser Vorgang wird laut Angaben Rudolf Steiners zu Ostern durchgeführt, dann durchläuft das werdende Präparat über das Jahr weitere Behandlungsschritte, die aber an dieser Stelle nicht weiter beschrieben werden.

Bemerkenswert war der Vorgang in der geistigen Welt, der bei der Präparation beobachtet werden konnte. Sobald die Löwenzahnblüten in das Gekröse gegeben wurden, ließ sich eine durchgreifende Änderung im Geistigen feststellen. Bei der dann erfolgten Untersuchung der Präparatvorstufe, also der im Gekröse eingewickelten Löwenzahnblüten, zeigte sich, dass diese völlig verschieden von den Befunden beim Kuhorgan oder dem Löwenzahn war. Durch die Bezugsetzung vom Löwenzahn zum Kuhorgan wurde ein anderer geistiger Kontext hergestellt, der sich durchgreifend auf allen übersinnlichen Ebenen ausprägte.

Mit anderen Worten: Ein Mensch hat hier zwei natürliche Substanzen, die normalerweise niemals zusammenkommen würden, zusammengeführt und in einen höheren Kontext gestellt. Dieser ist das Löwenzahnpräparat, dessen geistige Existenz und Wirksamkeit Rudolf Steiner übersinnlich wahrgenommen hatte. Man muss ja erst einmal darauf kommen, Löwenzahnblüten in Kuhgekröse einzuwickeln! Es liegt dann nicht mehr Löwenzahn in Kuhgekröse vor, sondern werdendes biologisch-dynamisches Präparat. Und somit sind alle übersinnlichen Ebenen von denen der Ausgangssubstanzen verschieden (siehe Tabelle unten). Hier wird beispielhaft deutlich, dass die übersinnliche Konstitution eines physisch vorliegenden Substanzzusammenhangs weniger durch die vorliegende Materie, als durch die Prozessualität ihres Werdens abhängt.

	Untersuchungen zur Präparation des Löwenzahnpräparates		
	Gekröse (Mesenterium)	Löwenzahnblüten, leicht angewelkt	Löwenzahn in Gekröse, einge- wickelt
Wä	orange-gelbe dichte warme Hülle 5 cm	rosé bewegte Hülle 6 cm	3 cm dunkelblaue, umwälzende Hülle
Li	dichte Hülle, wie funkelnd, sehr dunkel, nachtschwarz (angenehm), 4 cm	16 cm lebendig wirkende, strahlige Hülle	30 cm heterogen strahlige Hülle
Kl	10 cm wallende, wie umwälzende Dynamik	5 cm blaue, dynamische Hülle	12 cm homogen ruhige Hülle
Le	dünne, lückenhafte Hülle 1 cm	stark bewegte, wie über Blüten huschende dünne Hülle	dünne dunkle Bereiche, wie über Oberfläche huschen
As	dunkle, dichte Hülle 30 cm, warm, aber leer wirkend	Elementarwesen des organischen Abbaus vorhanden, übergeordnet 17 cm blaue Hülle	30 cm warme, dunkle, harmonisch wirkende Hülle
G1-3	dunkle Aufwölbung 28 cm	dunkle Hülle 15 cm über und in Löwenzahlblüten	dunkle, 10 cm dicke Säule, ca. 30 cm nach oben und unte reichend, ganzes Pr parat umfassend
G4	13 cm gelbleuchtende, dynamische, wie funkelnde Hülle	weißmilchige, rot geäderte Hülle, sehr «irdisch» wirkend, 6 cm	30 cm farblose ruhi ge Hülle
G5	grüne, ruhige Kugelschale 15 -25 cm	gelb strahlend-leuchtende Kugelschale 10 -15 cm	14 – 20 cm blaue Kugelschale

G6	vielfarbiger strahliger Umkreisbezug ab 25 cm	pastellfarbig grüner Umkreisbezug ab 14 cm	dunkelgrüner Umkreisbezug ab 22 cm
G7	Umkreis stark leuchtend, gelb-orange	leuchtend strahlender Umkreis gelb-orange, sonnenhafter Bereich in Nähe	stark aktiv, vielfarbig leuchtender Umkreis, wesenhaft bewegt, Wesensbezug nah zum Objekt
Wahrnehmung in der freien geistigen Welt	große Dynamik auf Präparat bezogen, Wesensbezug	dynamisches Wechselspiel zwischen Pflanze und Umkreis	sehr aktives, harmonisches Wechselspiel zwischen Umkreis und Präparat

Auch die nach der Schlachtung des Tieres auf der Lebensäther (Le) und astralen Ebene (As) der Organe vorgefundenen negativen Eigenschaften wandelten sich zu positiven bei den frischen Gekrösepräparationen. Im geistigen Umraum zeigten die frischen Gekrösepräparationen ein harmonisches Wechselspiel zwischen Präparation und Umkreis.

Das Menschliche und das Göttliche in der Substanz

In Kapitel 9 wurde das höhere Ich des Menschen beschrieben. Geistselbst, Lebensgeist und Geistesmensch sind die Wesensglieder, die wir alle zunächst rudimentär besitzen und nur durch unsere eigene Arbeit an unseren Denk- und Fühlgewohnheiten stärker ausbilden können. Wenn man übersinnlich auf die Materie blickt, erkennt man ein dreigegliedertes Gefäß auf den höchsten geistigen Ebenen der

Materie, das die Materiebildung durch Aufnahme von zu verdichtender Geistsubstanz ermöglicht. Es ist der «göttliche Weltengrund». Wenn man diese geistigen Ebenen in der Materie und im Menschen vergleicht, erweisen sie sich als identisch.

Unser geistiger Kern ist göttliche Substanz. Der geistige Kern in der Materie ist menschliche Substanz. Beides ist dasselbe.

Nach dem Tod und nach dem Kamaloka breitet der Mensch sich in der geistigen Welt aus. Man neigt ja oft dazu zu glauben, wenn man von der geistigen Welt spricht, müsse man den Kopf in den Nacken legen, um diese wahrnehmen zu können. Nichts dergleichen» – man findet das höhere Ich des Menschen in der höchsten geistigen Substanz der irdischen Materie wieder.

Alle Früchte unserer Arbeit reichern somit den göttlichen Weltengrund in seinem Bewusstsein an. Wir entwickeln das Göttliche der Welt weiter. Das können wir einerseits nachtodlich, indem wir unseren Platz im göttlichen Weltengrund einnehmen. Wir können dies aber auch zu Lebzeiten dadurch tun, dass wir uns in Bezug zur Materie setzen, uns in diese einprägen, wie es am Beispiel des Augentrostes oder Löwenzahnpräparates ausgeführt wurde. Aber auch schon das Essen zu segnen bewirkt Entsprechendes. Weil wir mit unseren höchsten Ebenen mit denen der Materie identisch sind, können wir uns jederzeit durch die Zuwendung zur Materie in diese einprägen. Das wird Vergeistigung der Natur genannt. Dazu ist einzig und allein der Mensch im Stande. Und das ist die Aufgabe des Menschen: Die ganze Welt mit allen Wesen weiterzuentwickeln. Alles, was wir der Welt antun, im Guten wie im Bösen, hat Ewigkeitswert. Wir sind in der Verantwortung. Anthroposophie in einem Satz zusammengefasst: Es kommt auf uns an.

* * *

Auf Vertiefungsseminaren mache ich gerne folgende Übung. Ein Laib Brot wird in zwei Hälften geschnitten. Die eine Hälfte wird aus dem Raum entfernt. Die andere Hälfte liegt in der Mitte des Raumes. Dieses halbe Brot wird nun 5 Minuten mit liebevollen Gedanken und anschließend mit mehreren Vaterunser in verschiedenen Versionen sowie abschließend mehrmals mit dem Prolog des Johannes-Evangeliums behandelt.

Nun holt man die unbehandelte Brothälfte wieder in den Raum und legt die Stücke nebeneinander. Das unbehandelte Brot fühlt sich an wie Brot. Das behandelte hat den Seminarraum in eine Kathedrale verwandelt.

In meiner Studentenzeit war ich an Neurodermitis erkrankt und der Juckreiz quälte mich sehr. Irgendwer gab mir den Rat, zu einem klassischen Homöopathen zu gehen. Damit konnte ich zunächst einmal nichts anfangen, bin aber in meiner Not diesem Rat gefolgt.

Schon nach den ersten Mittelgaben habe ich tiefgreifende Veränderungen in meinem Befinden gespürt, so hörten beispielsweise meine Kopfschmerzen auf, wegen derer ich nicht zum Homöopathen gegangen war und mit deren Verschwinden ich gar nicht gerechnet hatte. Ein Placeboeffekt konnte also nicht vorliegen. Nach einiger Zeit war auch die Neurodermitis nicht mehr vorhanden. Das war ein Wendepunkt in meinem Leben. Ich studierte Chemie und Biologie und hatte zu diesem Zeitpunkt noch überhaupt keine spirituelle Ausrichtung. Die Welt der Moleküle – das war meine Welt! Nun war mir plötzlich in meinem materialistischem Chemikerverständnis der Boden unter den Füßen weggezogen. Ich fühlte die Notwendigkeit, meine Anschauung der Welt zu erweitern. Intuitiv wandte ich mich der Anthroposophie zu, einer Weltanschauung, die davon ausgeht, dass es das Übersinnliche gibt, welches die physische Welt konstituiert – und das war der Anfang der Geschichte, der dazu führte, dass Sie nun dieses Buch in Ihren Händen halten.

Anhang 1
Erklärung der Bedeutung der übersinnlichen Ebenen

Ebene	ätherische Ebene				astrale Ebene			geistige Ebene					
								unteres Devachan			oberes Devacha		
	Wärme-äther	Licht-äther	Klang-äther	Lebens-äther	As 1	As 2	As 3	G1	G2	G3	G4	G5	G6
Chakra	Halschakra				Herzchakra			Stirnchakra			Kronenchak		

<table>
<tr><td>Wä</td><td colspan="2">Wärmeätherisches in Ätherleibern verschiedener Wesen</td></tr>
<tr><td>Li</td><td colspan="2">Lichtätherisches in Ätherleibern verschiedener Wesen</td></tr>
<tr><td>Kl</td><td colspan="2">Klangätherisches in Ätherleibern verschiedener Wesen</td></tr>
<tr><td>Le</td><td colspan="2">Lebensätherisches in Ätherleibern verschiedener Wesen</td></tr>
<tr><td>As1</td><td colspan="2">Ätherisch/Physisch orientierte Astralität, Empfindungsseele</td></tr>
<tr><td>As2</td><td colspan="2">Astralleiber von Mensch, Tier, Elementarwesen, Engel; («seelischer Anteil des Astralleibes»); Elementale (gefühlskonstituierende Wesen); astrale Wirkebene der Elementarwesen</td></tr>
<tr><td>As3</td><td colspan="2">Astralleiber, geistig orientierter Anteil; Urbildebene der Elementarwesen</td></tr>
<tr><td>G1-3</td><td>Verstandesseele, «Mentalleib»; «Bewusstseinsplateau»; geistiger Leib der Angeloi (Engel)</td><td rowspan="3">Identität der Materie konstituierend</td></tr>
<tr><td>G4</td><td>Ich-Ausprägung des Menschen; Bewusstseinsseele, Gedankenwesen; Leib der Archangeloi (Erzengel)</td></tr>
<tr><td>G5</td><td>Geistselbst; geistige Konstitution des Astralen; Leib der Archai (Zeitgeister); Heiliger Geist</td></tr>
<tr><td>G6</td><td>Lebensgeist; geistige Konstitution des Ätherischen; Leib der Exusiai (Engel der Form); Sohnesgott</td><td rowspan="2">Physis der Materie konstituierend und ermöglichend</td></tr>
<tr><td>G7</td><td>Geistesmensch: geistige Konstitution des Physischen; Bezüge von Wesen zu geistigen Wesen (Christussphärenbezüge des Menschen, Landschaftsengelbezüge der Pflanzen; Leiber aller weiteren geistigen Wesen; Archetypen, Urbilder; devachanische Verstorbene) Vatergott</td></tr>
<tr><td>FGW</td><td colspan="2">freie geistige Welt, Zusammenhänge zwischen Wesen; «Metaperspektive» der Materiebildung</td></tr>
</table>

Anhang 2
Meditationen zur Ich-Stärkung

Mantren zur Ich- und zur Herz-Stärkung
(Mantren von Rudolf Steiner,
Angaben modifiziert von Frank Burdich)

1. «Die Weisheit lebt im Licht»
Zunächst das Mantra im Bereich des normalen Denkraumes, das heißt, üblicherweise im Bereich des Kopfes denken. Wenn dies gelingt, das Mantra ringförmig um den Kopf herum denken. Das heißt, sich nicht etwa das Mantra ringförmig außerhalb des Kopfes vorstellen (so wie z.B. ein Textlaufband), sondern die eigentliche Denktätigkeit soll dort lokalisiert sein.

Dieser Ring kann vielleicht zunächst den Kopf nur um wenige Zentimeter überragend gedacht werden. Wenn es aber gelingt, sollte eine stufenweite Ausdehnung dieses Ringes erfolgen. Im Laufe der Zeit kann dieser Ring den Radius von Metern oder Dekametern erreichen.

2. «Die Weisheit erstrahlt in dem Licht»
Mit dem Mantra das Herz durchglühen. Das Mantra im Herzen denken, so dass eine wie physische Wärme zu spüren ist. Diese kann bis zu einem Gefühl der glühenden Wärme gesteigert werden. Der Zustand bleibt immer angenehm. Es ist nicht das physische Herz gemeint, sondern das Herzchakra in der Mitte der Brust.

3. «Die Weisheit der Welt erstrahlt in dem Licht»
Das Denken des Mantras mit anhaltender Willenskraft ringförmig aus dem Kopfbereich nach außen schieben. Das Mantra ist als Text auch hier nicht sichtbar, die Denkaktivität wird kontinuierlich radial ausgeweitet. Dieses ist zunächst nur bis zu einem bestimmten Radius möglich, doch führt eine Verstärkung der geistigen Kraft zu einer Ausweitung. Vergleichbar ist das Üben mit einem Expander als Krafttrainingsgerät, welches mit zunehmender Körperkraft immer stärker geweitet werden kann.

Es kann empfohlen werden, diese Mantren zur Ich-Stärkung täglich mindestens eine halbe Stunde» – jedes der Mantren 10 Minuten» – zu meditieren.

Anhang 3
Übersinnliche Baumstrukturen

Grün – Lebensäther des Baumes, am Stamm als Hülle aufsteigend, im äußeren Kronenbereich herunterregnend
Silber – Lichtäther des Baumes, im Stammbereich diesen bis zu einem gewissen Abstand umgebend, scharf begrenzt, wie mit dem Messer abgeschnitten, auch die Baumkrone durchziehend
Rot – Astralleib des Baumfaunes, den Baum als Hülle bis zu einem gewissen, größeren Abstand durchdringend und umgebend
Ocker – Wärmeäther des Baumes, den Baum umgebend und durchdringend, keine Bewegungsrichtung
Gelb/Blau – Klangäther des Baumes, vor allem im Kronenbereich, zackende, raumgreifende Bewegung
Braun – Ätherleib des Baumfaunes, zentrale Äthersäule im Stammbereich, von dort sieben Kegelstrukturen etwa im 45°-Winkel nach unten abgehend, den Erdboden somit als Kreisstrukturen in unterschiedlichen Abständen erreichend
Gelb – geistige Verbindung zum Landschaftsengel, wie eine Kappe über der Baumkrone

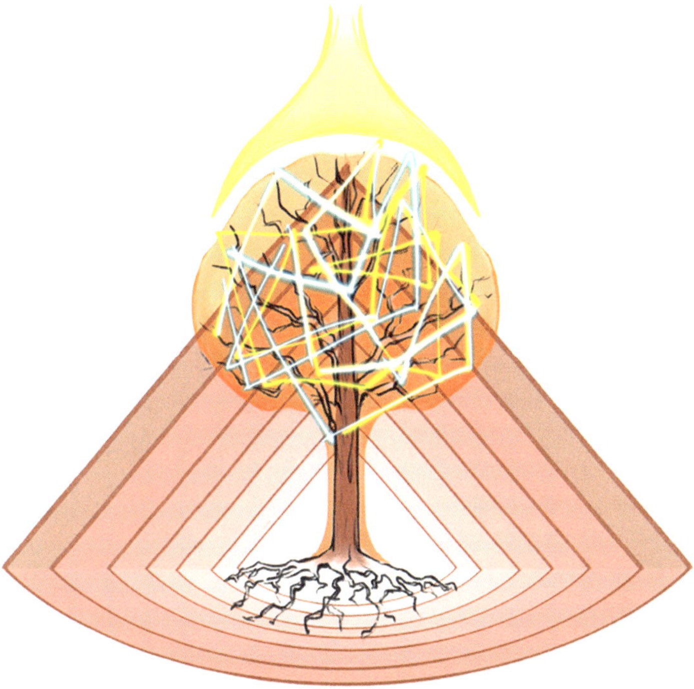

Zeichnungen: Maria Belimova

Frank Burdich
Angewandte Geistesforschung Burdich
www.angewandte-geistesforschung.de
F.Burdich@web.de

Corinna Gleide

Die Geburt der geistigen Sonne

Meditative Wege und Erfahrungen

351 Seiten, gebunden mit Schutzumschlag

2. Auflage 2021

ISBN 978-3-7725-2815-6

Wie kann das höhere Ich des Menschen auf dem Wege der Meditation und der Selbstentwicklung zur Geburt gebracht werden? Den hier geschilderten Wegbeschreibungen und Meditationen liegen ein über viele Jahre gehender eigener Weg sowie geistiger Forschungsprozess und eine nachhaltige Erfahrung als Meditationslehrerin zugrunde.

Florin Lowndes
Die Belebung des Herzchakra
Ein Leitfaden zu den Nebenübungen Rudolf Steiners
215 Seiten, gebunden mit Schutzumschlag
4. Auflage 2020
ISBN 978-3-7725-2759-3

In seinem Buch beschreibt Florin Lowndes zwei Funktionen der sogenannten Nebenübungen. Einerseits sind diese als Ergänzung der Meditationsübungen gedacht, auf der anderen Seite unterstützen sie die Ausbildung eines organisch-lebendigen Denkens, wie es durch die Philosophie der Freiheit angeregt wird.

«Denn so wie diese Übungen von Rudolf Steiner gemeint sind, sollen sie unmittelbar auf die Quelle des modernen Bewusstseins verweisen: das Denken mit dem Herzen, das Herzdenken.» *Florin Lowndes*

Verlag Freies Geistesleben

Arthur Zajonc

Aufbruch ins Unerwartete

Meditation als Erkenntnisweg
326 Seiten, gebunden mit
Schutzumschlag
3. Auflage 2020
ISBN 978-3-7725-2284-0

Arthur Zajonc nimmt den Leser auf eine anregende, vielseitige Reise in das meditative Leben mit. Er verbindet praktische Anleitungen mit der Führung und Inspiration der großen spirituellen Lehrer von Rudolf Steiner bis Rumi und von Goethe bis zu den Weisen Asiens. Eingehend beschreibt er Stufe für Stufe des Weges und führt viele Übungen an, durch die Unerwartetes eintreten kann.

Verlag Freies Geistesleben

Markus Buchmann,
Wolfgang Schneider,
Ulrike Wendt

Alchemie der Klimakrise

Anleitung für ein inneres Verhältnis zu unserer Erde

272 Seiten, gebunden

ISBN 978-3-7725-1483-8

Was bedeutet es für die Beziehung zwischen Mensch und Erde, wenn wir uns diese als lebendigen Organismus vorstellen? Die Alchemisten verstanden die Stofflichkeit der Welt nicht nur chemisch, sondern auch als greifbaren Ausdruck menschlich-schöpferischer Innerlichkeit. Aus einem ähnlichen Ansatz heraus entwickelt dieses Buch einen neuen, erstaunlichen Blick auf die Klimaproblematik.

Verlag Freies Geistesleben